El liderazgo inspirador
7 acciones de comunicación
que hacen los líderes para inspirar

Raúl Alas Alas

Segunda edición

EDICIONES UNIVERSIDAD DE NAVARRA, S.A.
PAMPLONA

Cupón para la Biblioteca Virtual

Accede a la versión eBook de este título por solo **1,99 €**. Con la compra de este libro puedes utilizar el siguiente cupón para la lectura en *streaming** desde la Biblioteca Virtual. **Sigue estas instrucciones** para visualizar tu libro:

1. Dirígete a la web de la Biblioteca Virtual en **https://ebooks.eunsa.es**.

2. En la web ve a **Iniciar sesión** e introduce tu email y contraseña. Si no estás registrado, deberás completar el proceso en **Registrarse**.

3. Tras registrarte, accede a la página del libro o lee el QR de esta página. Bajo el precio podrás **insertar el código oculto en el siguiente cupón** para activar la promoción.

Despegue para visualizar

Acceso directo al eBook

Canjéalo en ebooks.eunsa.es

*Con acceso a internet desde cualquier navegador.

Colección: Persona y Cultura
n.º 52

Primera edición: 2022
Segunda edición: 2025

© 2025. Raúl Alas Alas
  Ediciones Universidad de Navarra, S.A. (EUNSA)
  Campus Universitario • Universidad de Navarra • 31009 Pamplona • España
  +34 948 25 68 50 • www.eunsa.es • eunsa@eunsa.es

ISBN: 978-84-313-4044-5
DL NA 1182-2025

Diseño cubierta: Fernando Cuevas
Fotografía cubierta: IStock: marrio31

Imprime: Podiprint
Printed in Spain – Impreso en España

A los líderes que me han inspirado a dar lo mejor

Índice

I
Prólogo:
Liderazgo y comunicación

> *«Que tu lengua no corra*
> *por delante de tu pensamiento».*
>
> **Diógenes Laercio**

El liderazgo y la comunicación forman juntos una combinación poderosa, atractiva y brillante, cuyo fulgor resplandece con fuerza en momentos de incertidumbre y oscuridad, y desde luego, también en épocas de normalidad.

La persona que sabe echar mano de ambas habilidades logra transformar a quienes le siguen, aprecian y escuchan, por la sabiduría de sus decisiones, la coherencia de su ejemplo y la consistencia de sus palabras.

El liderazgo permite ejercitar la prudencia, que trasluce la belleza de un corazón sabio, el cual inspira por su virtud, cautiva por su sencillez y resuena por su mensaje de verdad. Y, en especial, suscita confianza por la naturalidad y transparencia que su imagen transmite. Para ello, se apoya en la comunicación, es decir, en el uso oportuno de la palabra, la expresión genuina de los gestos y la luminosidad de las ideas.

> El liderazgo permite ejercitar la prudencia, que trasluce la belleza de un corazón sabio, el cual inspira por su virtud, cautiva por su sencillez y resuena por su mensaje de verdad.

El líder prudente es aquel que tiene claros los objetivos que se propone alcanzar. Y para ello, sabe acertar con los fines y medios. Entre ellos, la elocuencia, que es un medio extraordinario para llegar a las personas y moverlas a la acción. Pero no basta solo con la elocuencia, sino que éste también se apoya en principios rectores que gobiernan su vida, así como en la práctica habitual de las virtudes.

Asimismo, practica la comunicación asertiva, que es una habilidad esencial en los verdaderos líderes, para saber expresar las ideas, deseos, sentimientos y opiniones con sentido de oportunidad. De hecho, en algunas ocasiones sabe guardar silencio, antes de emitir una opinión sin fundamento o sin haberla pensado bien.

Visto así, es fácil advertir que el verdadero liderazgo no es un bien que se cotiza al alza en la actualidad, porque no siempre se tienen claras sus premisas esenciales y, como suele suceder en algunas ocasiones, se privilegia la forma por encima del fondo. El que gobierna con el mero uso de técnicas de comunicación o diversas tácticas directivas, no trasciende ni permanece vigente por mucho tiempo, porque a su liderazgo le falta grandeza de espíritu, magnanimidad, y con ella, mucha humildad, para conocer sus límites y verdaderas potencialidades.

> El verdadero liderazgo no es un bien que
> se cotiza al alza en la actualidad.

Esto ha impedido desde hace mucho tiempo que surjan líderes inspiradores que ilusionen y generen confianza en circunstancias complejas y adversas como las que hemos vivido en fechas recientes. Porque no cabe duda de que las grandes figuras surgen en tiempos de crisis y de transición. Su integridad de vida, grandeza de ánimo y lucidez de sus mensajes son señales claras que guían a los demás a buen puerto. Pues toda situación crítica y nebulosa, pone en evidencia la honradez, sabiduría y don de lenguas de estas grandes personas. Y, por supuesto, también exhibe sus defectos.

Gracias a los medios de comunicación y las redes sociales, estamos viendo en tiempo real la prudencia, el carácter y la determinación de las decisiones de algunos presidentes y autoridades, así como de referentes mundiales y grandes empresarios. En ciertos casos, se advierte su credibilidad, su capacidad de forjar alianzas y enviar mensajes que generen sosiego y contención en la sociedad. Y en otros, sus actuaciones dan mucha inquietud y generan más incertidumbre.

Y no obstante el descrédito y la desconfianza que desde hace tiempo nos provocan muchos políticos y gobernantes, en los momentos más álgidos e inciertos apreciamos que estén a la altura de las circunstancias. Porque ahora los ciudadanos estamos más al tanto de todo, nos preocupamos más por lo que nos rodea y hemos aumentado nuestra atención en lo que los políticos dicen y hacen.

Si realmente son fiables, en sus intervenciones públicas se reflejarán sus virtudes, su sentido del deber, así como su habilidad para promover iniciativas, decisiones y propuestas. Están totalmente expuestos, sin máscaras y de frente a todo el mundo, como en un gran escaparate. Y su buena o desgraciada actuación quedará documentada para la historia.

Al fin y al cabo, una situación crítica o de emergencia excepcional, no es un simulacro ni un videojuego en el que uno controla algunas variables. Es una crisis en toda regla y requiere de un plan concreto que tenga claros los protocolos de acción, los medios disponibles y el detalle paso a paso de las fases de atención de la emergencia, en todos sus aspectos que la componen.

En este caso, el conocimiento reunido, la experiencia acumulada y el sentido común de los integrantes de un excelente equipo, contribuyen decisivamente a que el líder tome las mejores decisiones con sentido estratégico y a evitar que se bloquee, se precipite, se endiose o se duerma en sus laureles. Es esencial que nuestros líderes sean magnánimos, humildes y buenos comunicadores, en otras palabras: ¡Líderes que nos inspiren confianza por sus virtudes, actitudes y talentos!

> Es esencial que nuestros líderes sean magnánimos, humildes y buenos comunicadores.

Pero también es cierto que en períodos de relativa normalidad y estabilidad, hace mucho bien que existan líderes ejemplares en la familia, la empresa, las instituciones y en el gobierno de las naciones, que promuevan causas de gran beneficio para las personas e iniciativas de largo alcance en el tiempo.

Por eso, el contenido de este libro tiene como objetivo proponer siete acciones de comunicación que hacen los líderes para inspirar a sus seguidores y colaboradores. Son acciones básicas y sencillas, que pueden servir de referencia para quienes tienen la noble misión de liderar y el gran don de inspirar en su entorno personal, familiar, político, social o profesional.

No busco aportar un número grande de nuevas sugerencias sobre el tema, pues comprendo que hay una variedad impresionante de literatura centrada en la materia y con diversas aplicaciones prácticas según la labor que un líder desempeña. En todo caso, mi propósito es establecer un itinerario concreto de siete acciones de comunicación que hacen fiable la figura de los líderes.

Espero que este recuento de acciones permita identificar algunos atributos puntuales que buscamos encontrar en aquellos que nos inspiran a dar lo mejor y que puedan replicarse en el entorno personal donde cada uno vive, estudia o trabaja.

Por lo cual, durante el proceso de preparación de este libro, he dedicado atención para identificar algunos textos de referencia sobre el liderazgo y la comunicación, que han servido de base para explicar los principales temas que componen el índice de este trabajo. Asimismo, tuve ocasión de leer varios artículos sobre ambas materias, y consulté fuentes especializadas sobre conceptos centrales del libro como las virtudes humanas, el sentido de disponibilidad y la habilidad para tomar decisiones, así como sobre la comunicación asertiva y la conformación estratégica de los equipos de trabajo, entre otros temas. Por supuesto, también he identificado algunos ejemplos de figuras que han destacado por sus talentos y logros, así como algunos personajes de películas con los que hemos disfrutado solos o en familia. Y, como es natural, he contrastado estas ideas con expertos y colegas que me han abierto nuevos horizontes de reflexión sobre el liderazgo y la comunicación.

Aprovecho estas líneas, para expresar mi gratitud al equipo editorial y administrativo de EUNSA, por su decidido apoyo en todo el proceso de edición y preparación de este nuevo libro. Aprecio mucho sus conocimientos, experiencia y la gran calidad humana de cada una de las personas que forman parte del equipo.

Y como siempre, quiero reiterar mi gran cariño y admiración, para mi esposa e hijos, que alientan cada uno de mis proyectos editoriales y hacen muy llevadero el habitual proceso de investigación, redacción y revisión final de cada manuscrito. Gracias por ser tan especiales. ¡Los amo con todo mi corazón!

Raúl Alas Alas

II
7 acciones de comunicación que hacen los líderes para inspirar

«La gestión consiste en hacer bien las cosas, mientras que el liderazgo consiste en hacer lo que está bien».

Peter Drucker

Los momentos de prueba y adversidad en la historia de una familia, un equipo de trabajo o una sociedad de personas, son ocasiones propicias para advertir la presencia de personas extraordinarias que sobresalen con fuerza en estas circunstancias.

Su aparición en lo más complejo de la escena, resulta ser una bocanada de aire fresco para quienes se sienten impotentes de enfrentarse solos a una gran tribulación. La figura de alguien sereno, sensato y sabio, destaca de forma singular en plena coyuntura. ¡Qué maravilloso es percibir la luminosa presencia de un líder que nos inspira calma, fortaleza y coherencia de vida!

La esencia de un momento así se queda grabada en la memoria de quienes lo han vivido. El tema es estar atento que un hecho de esta naturaleza ocurra y no nos pase desapercibido. Las experiencias más sorprendentes pueden surgir de hechos inesperados y dramáticos. Quiero contarte una de ellas en esta historia que viví personalmente hace algunos años.

> Las experiencias más sorprendentes pueden surgir de hechos inesperados y dramáticos.

Era un viernes al final de la tarde, y aún no salíamos de la oficina. Trabajaba entonces en la filial guatemalteca de una gran multinacional europea. La jornada había sido trágica para todos. En el transcurso del día, tres compañeros habían perdido la vida de forma violenta en distintas zonas de la ciudad. A la salida del trabajo, otro compañero resultaría gravemente herido, esta vez frente al edificio donde nos encontrábamos. Un delincuente, sin mediar palabra, le había disparado por la espalda y a corta distancia. La situación era apremiante, insólita e inexplicable. Nuestro compañero fue llevado de modo urgente a un hospital cercano, pero su vida corría grave peligro y el pronóstico no era nada alentador.

El área de seguridad nos pidió esperar dentro de las instalaciones, mientras llegaban las unidades policiales a resguardar el perímetro del edificio y a realizar las primeras investigaciones. Todos en la oficina estábamos impactados por esta ola de cuatro crímenes en un solo día.

Mientras tanto, los hechos se habían convertido en noticia y los medios empezaban a contactar al área de comunicación en la que trabajaba, para conocer la reacción institucional a estos sucesos. Para entonces, todo el personal de la compañía pasaba por un momento de gran tensión e incertidumbre.

Unos habían logrado irse a casa, pero un gran grupo de ejecutivos y colaboradores aún permanecíamos dentro del edificio. Nadie sabía encontrar razones de semejante situación. Se tomaron algunas decisiones esenciales para enfrentar la crisis y, finalmente, logramos salir todos de la oficina. Esa noche no me resultó fácil conciliar el sueño. Las imágenes recientes de lo sucedido me seguían impactando.

En la mañana del sábado, me dispuse a ordenar las ideas de lo sucedido y preparar información por si seguían llamando los medios. En efecto, antes del mediodía, recibí varias llamadas de periodistas que indagaban por nuevos detalles de lo ocurrido. Querían conocer los avances preliminares de la investigación policial y confirmar algunos datos de la nota de prensa, la cual centraba el contenido en los hechos del día anterior, expresaba las muestras de solidaridad hacia las familias de las víctimas, así como las decisiones tomadas por el equipo directivo de la compañía para preservar la seguridad de todo el personal. Era una situación muy difícil de sobrellevar.

A media tarde de ese sábado recibí una llamada inesperada. Me citaba el director de seguridad a una reunión de trabajo al final del día, para dar seguimiento al tema con los miembros del equipo directivo. Confirmé mi asistencia y seguí las indicaciones para llegar al punto de encuentro. Todo era muy sigiloso y discreto. Se respiraba un clima de expectación por la premura del encuentro.

Pasaron unos minutos mientras nos instalábamos en la reunión, cuando el director regional de la empresa nos reveló que estaba por llegar a la reunión la máxima autoridad mundial de la compañía. El mismísimo CEO de la multinacional, al enterarse en Europa de lo ocurrido en Guatemala, había decidido tomar el avión privado de la compañía y viajar cuanto antes a mostrar su apoyo a todos en la empresa. Estábamos impactados por su decisión de cruzar el Atlántico de forma inmediata y, ciertamente, muy conmovidos por su determinación de querer acompañarnos en este momento de prueba para todo el equipo directivo y colaboradores.

En menos de un cuarto de hora apareció en escena el presidente mundial de la compañía y se unió a nuestra reunión con sencillez y naturalidad. Venía cansado de un vuelo de más de doce horas y lleno de inquietudes por lo ocurrido. Sin embargo, dedicó tiempo para saludarnos uno a uno con mucho respeto, atención y un largo apretón de manos lleno de calidez humana. Me causó enorme impresión advertir su tristeza por lo ocurrido el día anterior y escucharle darnos el pésame a cada uno de forma genuina y sincera. Luego, se interesó por el compañero gravemente herido y por la familia de los demás fallecidos.

La reunión cobró un brillo especial por tan distinguido visitante, y todas sus indicaciones estaban dirigidas a mostrar con pequeños gestos el enorme afecto que sentía por nuestra situación en este momento de especial complejidad. Estuvo menos de 24 horas en suelo de Guatemala, pero en este corto tiempo hizo mucho por elevar el ánimo de todos y legarnos un maravilloso ejemplo de unidad ante la amenaza, solidaridad en la tragedia y gran humanidad para comprender nuestro dolor.

No puedo hablar por todos mis compañeros, pero a mí en lo particular la experiencia me dejó muy impresionado por todo lo vivido junto a su persona. Su presencia junto a nosotros después de ese episodio tan adverso me hizo sentir orgulloso de pertenecer a la compañía y muy animado a renovar mi compromiso con los valores corporativos que él materializaba con su ejemplo y coherencia de vida.

Las acciones humanas de esta naturaleza no pueden pasar desapercibidas. Son muestras inequívocas de la riqueza que un líder inspirador aporta a decenas de miles de colaboradores a nivel mundial. La grandeza de ánimo, el sentido de empatía y solidaridad, los gestos sinceros de sencillez y el ejemplo invaluable de compromiso por los miembros de la organización, son acciones de comunicación que dicen mucho más que cientos de discursos juntos.

Las acciones humanas de esta naturaleza
no pueden pasar desapercibidas.

Porque como bien se dice, «el liderazgo no es una técnica. Su finalidad no es forjar sistemas o estructuras, sino hombres y mujeres. No responde principalmente al saber cómo, sino al saber qué y al saber por qué. No consiste principalmente en "hacer bien las cosas»", sino en "hacer cosas buenas"» (Havard, 2018).

Por ese valor inmenso de la coherencia entre lo que los líderes son, hacen y dicen, tiene sentido que consideremos cada una de las 7 acciones de comunicación que te propongo a continuación.

¡Te invito a recorrer juntos este itinerario para identificar algunas claves esenciales del liderazgo inspirador!

¿Me acompañas?

1. PREDICAN CON EL EJEMPLO

*«Liderazgo es otra palabra para expresar la coherencia,
la constancia y el equilibrio en la propia vida».*

Warren Bennis y Joan Goldsmith

A lo largo de la vida, hemos conocido a ciertas personas muy especiales que se han cruzado en nuestra historia, cuyo don de liderazgo nos ha causado una gran impresión y su categoría humana nos ha dejado una huella imborrable en la mente y el corazón.

Este recuerdo lo llevamos muy presente cuando se trata de figurar qué es y cómo se ejerce el liderazgo inspirador ante los demás. Pero la pregunta de fondo siempre es porqué una persona se convierte en líder y otras no lo logran, por mucho que lo intenten en su vida personal o en su labor directiva.

¿Acaso están hechos de otra pasta? ¿Tienen unos atributos sensiblemente diferentes que el resto de sus congéneres? O más bien, ¿han sabido cultivar un conjunto de virtudes y cualidades que los convierte en personas fuera de serie?

Pienso que esto último tiene mucho sentido, porque los verdaderos líderes no vienen de otro planeta ni surgen

por arte de magia. Su gran atractivo se sitúa en todo aquello que trasluce su identidad, que desde luego radica en
una vida forjada, esculpida y lograda a través del ejercicio
habitual de las virtudes.

El liderazgo no es un don reservado solo para unos
privilegiados o superdotados, sino para todos aquellos
que han fortalecido sus virtudes y, con su ejercicio habitual, han nutrido su carácter. Porque como bien se dice,
«es a través del carácter como se ejercita el liderazgo»
(Drucker, 2005).

> El liderazgo no es un don reservado solo
> para unos privilegiados o superdotados,
> sino para todos aquellos que han
> fortalecido sus virtudes y, con su ejercicio
> habitual, han nutrido su carácter.

Son personas de carne y hueso, con antecedentes, vi-
vencias y circunstancias particulares, que les han hecho
experimentar inquietudes, luchas y triunfos en las diversas
acciones emprendidas. En algunos casos habrán enfrenta-
do una diversidad de batallas para reafirmar su identidad,
doblegar su voluntad y robustecer su carácter. En otras,
quizás habrán sufrido altibajos en su vida que les supuso
vencer inseguridades, preocupaciones y defectos, pero en
los que lograron vencer gracias a su enorme capacidad de
rehacerse y de sacar fuerzas de flaqueza.

Es posible que conozcas la historia de Darwin Smith, un hombre en apariencia común, que en un período de 20 años como CEO de Kimberly-Clark, realizó la sorprendente transformación de esta antigua empresa papelera al borde de la quiebra en la principal productora mundial de papel para el consumo (Cfr. Collins, 2005).

Hombre sencillo, modesto y alejado de pretensiones de notoriedad, Smith fue contratado en 1971 en un momento de gran inquietud por el futuro de la compañía, que venía enfrentando una caída libre en su participación en el mercado de papel satinado y en el valor de sus acciones. Y con la compleja circunstancia de haber sido diagnosticado de cáncer nasal y de garganta tan solo dos meses después de convertirse en la máxima autoridad de la empresa, y a cuyo diagnóstico los médicos no daban más de un año de vida.

Con semejante situación personal y empresarial, ¿cómo se las arregló este hombre para vivir 25 años más, de los cuales 20 de ellos fueron como CEO de Kimberly-Clark y, por si fuera poco, generar en este tiempo una profunda transformación de la compañía? Lo hizo gracias a una combinación de extrema humildad y firme determinación personal y profesional.

En cuanto a lo personal, se sometió a un riguroso tratamiento médico, que le obligaba a viajar cada semana de Wisconsin a Houston para recibir terapia de radiación. Lo hizo así por varios meses, a pesar de tener un exigente calendario de trabajo que le imponía su nuevo cargo. Y en el plano profesional, tomando decisiones audaces y valientes, que le llevaron a deshacerse de las fábricas de papel de la compañía e invertir lo recaudado de la venta en marcas que ahora son muy conocidas en el mundo, como son las marcas de pañales *Huggies* y de pañuelos desechables *Kleenex* (Cfr. *Ibídem*). Todo ello, de la mano de un equipo de personas capaces, dispuestas y disciplinadas, así como de una actitud de sincera humildad e intensa voluntad de acción de su parte.

Historias como las de Smith, son extraordinarias y dignas de tener en cuenta, por la dificultad de la situación enfrentada, pero, especialmente, por las notables cualidades y talentos del protagonista a pesar de las circunstancias particulares que encontró.

En el ejercicio del liderazgo, es cierto eso que se dice que «las palabras convencen, pero el ejemplo arrastra». Resulta claro que el ejemplo de las personas que nos inspiran y mueven a la acción, está afincado en una integridad de vida, grandeza de ánimo y lucidez de sus ideas. Esto es muy revelador y pleno de sentido común, porque lo que nos atrae realmente son las virtudes y valores que vemos practicar a nuestros líderes.

> En el ejercicio del liderazgo, es cierto eso que se dice que «las palabras convencen, pero el ejemplo arrastra».

Lo interesante es que este pozo moral del cual sacan fuerzas radica en una clara identidad personal, un marcado sentido de misión y una gran categoría humana que se manifiesta en su carácter. «¿Cuál es el contenido del carácter? Las virtudes, o más exactamente, el conjunto de las virtudes humanas, como la magnanimidad, la humildad, la prudencia, la fortaleza, el dominio de sí o la justicia» (Havard, 2018).

Como apuntábamos al inicio de este capítulo, «liderazgo es otra palabra para expresar la coherencia, la constancia y el equilibrio en la propia vida» (Bennis y Goldsmith, 1997). Por ello, al hilo de esta idea citada, quiero destacar tres claves que pueden servir para construir un liderazgo que sepa predicar con el poderoso ejemplo de las virtudes.

Ser coherente con la propia integridad personal

En la primera sesión de *coaching* personal con un cliente es habitual que la pregunta inicial sea: «Y tú, ¿quién eres?» A la que por lo general las personas responden diciendo lo que hacen con su tiempo o a lo que se dedican para ganarse la vida. Pero eso no responde a la pregunta, porque el propósito no es averiguar qué hace o en qué trabaja la persona, sino más bien si sabe a ciencia cierta quién es como persona, si se conoce a sí misma. El ejercicio se repite varias veces hasta que por fin el cliente comprende que se trata de hacer un pequeño examen acerca de su esencia como persona y hablar de su propia identidad.

Cuando alguien nos hace esta pregunta a bote pronto, es muy posible que al principio no sepamos qué responder con exactitud, pues usualmente nos rompe los esquemas hablar de la percepción que uno tiene de sí mismo y, más aún, cuando no hemos dedicado suficiente tiempo para pensarlo bien. De hecho, es normal que la definición de lo que cada uno es se confunda naturalmente con las actividades que ocupan la respectiva agenda del día. Sin embargo, lo que hacemos no necesariamente nos define, porque es posible que aquello sea para quedar bien con otros o para cumplir las obligaciones contraídas en diversas circunstancias.

Pienso que cuando nos preguntan en confianza quiénes somos realmente, lo usual es que uno comience por examinarse sobre otras preguntas decisivas en la vida: ¿De dónde vengo? ¿Por qué estoy aquí? ¿Qué me hace ser feliz? ¿Qué me define como persona? ¿Cuál es el fin último de mi vida? Preguntas a las que cada uno debe reflexionar interiormente y descubrir con calma sus propias respuestas. «Todo hombre, toda mujer, está en busca de su identidad, de su personalidad profunda. ¿Quién soy yo? Es una pregunta que a veces se hace con angustia en mitad de la vida. Ha procurado construirse una personalidad, realizarse, según sus aspiraciones íntimas, según también los criterios de éxito que propone el contexto cultural en que vive» (Philippe, 2015).

Porque quien no sabe quién es, ni de dónde viene ni a dónde va, no sabe las respuestas esenciales sobre sí mismo. Sabrá lo que hace y en qué ocupa su tiempo, pero es muy difícil que sea feliz. Pues como bien lo ha dicho un hombre sabio, «para ser felices hemos de aprender a querer lo que somos y lo que somos tiene que ser igual a lo que deseamos».

> Porque quien no sabe quién es, ni de dónde viene ni a dónde va, no sabe las respuestas esenciales sobre sí mismo.

Llegado este punto de reflexión, puede ser que uno se pregunte si de verdad es una persona honesta consigo misma y con los demás o, mejor aún, si lo que define su vida es la integridad. Porque honestidad e integridad no son lo mismo, sino que se complementan. Al respecto, le escuché decir a un sacerdote en una meditación que: «La honestidad habla de lo que yo hago, pero la integridad habla de lo que yo soy. La honestidad habla de lo que yo digo, pero la integridad habla de lo que yo pienso. La honestidad muestra lo que hago en público, la integridad se refiere a lo que hago cuando nadie me ve».

Y las personas debemos vivir la honestidad, pero ante todo la integridad, especialmente ahora que nos encontramos en una sociedad que nos impone unos criterios, estilos de vida y comportamientos que dejan mucho que desear. En estas circunstancias, resulta un gran desafío estar todo el tiempo a contracorriente, pero aquellos que lo logran, destacan de forma extraordinaria en donde estén. De hecho, más que ir a contracorriente, las personas íntegras logran cambiar la corriente y transformar el entorno en el que viven. Son antorchas encendidas que nos iluminan con su luz y nos conducen con valentía por los caminos oscuros de la tierra.

De esto se trata la coherencia personal. Tener claro quiénes somos y actuar en consecuencia para servir con integridad a quien se acerque a nuestra vida. ¡Qué importante es practicar las virtudes en todo tiempo y lugar!, porque aquellos que de verdad atraen, cautivan y guían, son los que las hacen vida y las encarnan con sentido de misión. «Los líderes cultivan un sentido de misión en su vida profesional. Conciben su trabajo como una vocación, una oportunidad de servir y de crecer en madurez y grandeza personal» (Havard, 2018).

Por eso, es muy relevante poner en práctica la magnanimidad y la humildad. La magnanimidad, es ese ánimo grande y generoso, que nos hace capaces de cosas grandes y nos dota con la llama luminosa de la entrega a los demás. Mientras que la humildad es la virtud que nos permite reconocer nuestros verdaderos límites, pero también las grandes potencialidades y talentos que cada uno dispone para multiplicar y sacar partido. Sin duda, ambas virtudes están en la entraña del corazón de los seres humanos.

Sin embargo, como bien apunta Alexandre Havard en su libro: *El liderazgo virtuoso*, «la magnanimidad está en crisis. La extraña mezcla de individualismo y colectivismo de la sociedad moderna produce generaciones de pusilánimes... gente sin ideal, sin misión, sin vocación». Y a su pesar, agrega que «también la humildad ha conocido mejores días. La cultura moderna considera la humildad como la virtud del servicio, con desprecio» (Havard, 2018).

La coherencia que buscamos en los líderes tiene que ver con esta capacidad de hacer siempre lo que está bien, aunque no sea popular o no esté de moda hacerlo. Estas acciones virtuosas no entienden de encuestas o de preferencias culturales, sino de la relevancia de poner los talentos y cualidades personales al servicio de los demás, a pesar de las circunstancias.

> La coherencia que buscamos en los líderes tiene que ver con esta capacidad de hacer siempre lo que está bien, aunque no sea popular o no esté de moda hacerlo.

Quizá por eso, para vivir la magnanimidad y humildad, los más virtuosos se esmeran de forma especial en practicar las virtudes cardinales: prudencia, justicia, fortaleza y templanza, porque son esenciales para construir una sólida identidad personal. Se les llama cardinales por

la palabra latina «cardo», que significa principal o fundamental, pues de estas cuatro virtudes se derivan el resto de
las virtudes humanas.

La prudencia, se puede entender como la sabiduría
que permite al hombre acertar con los medios y fines para
lograr los objetivos que se propone. El prudente piensa
con serenidad, decide con sabiduría y actúa en honor del
bien. La justicia se puede entender como «la virtud o valor por el que damos a cada uno lo suyo, aquello a lo que
tiene derecho» (Alcázar y Corominas, 1999). La fortaleza,
tiene una doble vertiente: es la virtud que nos hace acometer con valentía el bien arduo deseado y soportar con
firmeza las dificultades que enfrentamos. Mientras que la
templanza es el autodominio de los impulsos y pasiones,
lo cual nos permite moderar los apetitos e inclinaciones
desordenadas de los sentidos. Pues como bien dicen estos
autores, «el edificio de la libertad necesita de los cimien-
tos de la templanza» (*Ibídem*).

Nadie dice que sea fácil vivir estas virtudes en todo
tiempo y lugar, pero está claro que las claves para perse-
verar en ellas tienen que ver con la buena formación que
ha recibido el líder y la libertad que procura vivir en todo
lo que hace. Puesto que «las virtudes son una perfección
de la libertad». Y «la persona bien formada, cuando piensa y decide *por su cuenta*, acierta» (Diéguez, 2020).

> «Las virtudes son una perfección de la libertad».

Hacer con constancia el pequeño deber de cada día

Las virtudes son como gajos de uvas, porque siempre están juntas y se nutren mutuamente de la misma savia a través de sus pequeñas ramas. Si arrancas una de raíz se trae consigo a otras uvas o incluso al resto de los gajos. Las virtudes son así, si dejas de vivir algunas, las restantes se resienten y terminan por caer o desaparecer de la propia vida. Esto significa que están muy relacionadas entre sí. «Dicho de otro modo: sólo quien es fuerte puede ser justo, sólo la persona templada puede ser prudente, sólo el fuerte puede ser templado, etc.» (*Ibídem*).

Lo que nos atrae de los líderes es la constancia de sus actos buenos. Sabemos con certeza qué podemos esperar de ellos la mayor parte de las veces, porque sus comportamientos van en consonancia con los valores que aman, creen y predican. Porque alguien así, «al hacer el bien, disfruta, hace lo que le gusta, lo que va con su modo de ser, incluso cuando le cuesta: le supone esfuerzo, pero lo hace con gusto» (*Ibídem*).

> Lo que nos atrae de los líderes es la constancia de sus actos buenos.

La constancia es como la gota persistente que poco a poco penetra la roca hasta hacer un pequeño orificio por el que se llega a lo profundo de ella. Ya lo dice Alejandro

Llano que «ser constante en el amor equivale a ser fiel a uno mismo, a vivir auténticamente» (Llano, 2002).

Se puede decir que la constancia es la virtud del deportista, que cada día se levanta a la misma hora para robustecer su fuerza de voluntad, entrenar su cuerpo y mejorar sus habilidades técnicas. Sin embargo, debe procurar no caer en dos extremos peligrosos para su virtud: el perfeccionismo y el voluntarismo. El perfeccionista es el «eterno insatisfecho» que busca la perfección como fin en todas las acciones y cosas que hace. Mientras que el voluntarista, «trata los medios como si fueran fines». En otras palabras, «toma decisiones sobre los medios y las asume como deberes» (Diéguez, 2020).

El voluntarismo no consiste en «querer demasiado», porque no es un problema de la voluntad, sino de la mente que recarga en la voluntad la acción de la persona. La voluntad humana no puede estar separada del corazón, puesto que ahí radica el centro de la personalidad del hombre. «El corazón da a la voluntad una dirección original y principal. Sin esta dirección fundamental, cualquier acto de voluntad no es más que una huida hacia adelante, un salto al vacío. «El deber por el deber» es una máxima inhumana que, con frecuencia, provoca desdoblamientos de la personalidad» (Havard, 2019).

Ser constante no es caer presa de la rutina de todos los días ni hacer las cosas porque tocan o por el mero hecho de dejarse llevar por ciertos automatismos de la voluntad. No, eso no es ser constante. Esa es una caricatura deformada de la virtud. En realidad, la constancia es esa capacidad para edificar mi propia vida a base de realizar continuas acciones que me perfeccionan a medida que las practico e integro en mi proceso interior de aprendizaje. Al respecto, dice Llano que «la especie de acción que verdaderamente cuenta para la edificación de mi propia vida no es la *producción*: es la *operación*». Y añade que, «la clave está en los bienes humanos que trato de realizar e integrar, y no tanto en las cosas materiales que intento fabricar y poseer» (Llano, 2002).

> Ser constante no es caer presa de la rutina de todos los días ni hacer las cosas porque tocan o por el mero hecho de dejarse llevar por ciertos automatismos de la voluntad.

En otras palabras, lo que persigo con la constancia es que esa operación reiterada que realizo permanezca en mí y me perfeccione cada vez que la vuelva a poner en práctica, como puede pasar con el conocimiento adquirido y el comportamiento ético. «Es decir, la operación no sólo actúa hacia afuera, sino que me va configurando a mí mismo». Por ejemplo, «al decir la verdad, no he ganado nada externo y tangible: me he ganado a mí mismo. No he avanzado hacia mi triunfo profesional o mi prestigio social: he avanzado hacia mí mismo. (…) No he cambiado externamente, pero mi interior se ha potenciado, de manera que estoy en condiciones de actuar aún mejor la próxima vez» (*Ibídem*).

Reflejar la consistencia de una vida equilibrada

En ese proceso paso a paso, cada vez que el líder acierta en sus decisiones, se va perfeccionando y forjando su identidad, aunque para ello deba afrontar sacrificios, fatigas y retos. Un punto clave es que sepa combinar la constancia y el orden con el que realiza las diversas acciones de cada jornada. Si lo sabe integrar en su vida, la virtud del orden se manifestará de modo habitual en sus ideas, afectos y palabras. Porque un líder sensato, cercano y veraz es un referente de claridad y credibilidad para sus seguidores. Su comportamiento será para todos como un espejo en el que se reflejará la consistencia de una vida equilibrada.

Como hemos visto, el camino que una persona sigue hasta convertirse en un verdadero líder tiene mucho que ver con la armonía que demuestran los principios y valores que rigen su manera de ser, actuar y expresarse. «Para comunicar es necesario primero conocerse; después es preciso obrar de acuerdo con la propia identidad, manifestarla en acciones; pero además hace falta expresar la identidad y la cultura en un discurso, en palabras y argumentos comprensibles para los demás» (Mora, 2009).

Esta armonía se manifestará de forma transparente en la actitud habitual de sus gestos y palabras. Porque «la transparencia es precisamente la cualidad de lo que deja ver algo que está más allá: las palabras no sirven para ocultar, sino para desvelar» (*Ibídem*). Esta consistencia en la forma de obrar y hablar no es automática, sino que es fruto de la repetición de las buenas elecciones propias en momentos de incertidumbre, tensión o crisis.

> Esta armonía se manifestará de forma transparente en la actitud habitual de sus gestos y palabras.

Retomando el ejemplo de los deportistas, inquieta observar a varios atletas talentosos en su especialidad, que caen presa de la frustración y el sinsentido en momentos de gran presión competitiva. Sus ánimos se van caldeando a medida que la presión aumenta, hasta llegar a explotar con gran intensidad en lo más álgido de un partido o encuentro. Toda la magnífica imagen que han construido con su talento deportivo a lo largo de su carrera se puede venir al trasto en pocos instantes cuando desfogan la presión de forma violenta e inmadura.

Me vienen a la cabeza algunas actuaciones irracionales y antideportivas de destacados tenistas, incluso conocidos campeones y cabezas de serie, que al no salirles el juego como pensaban y enfrentar ardua resistencia del rival o del público presente, desquitan la furia quebrando su raqueta, que es su instrumento de trabajo, y gritando todo tipo de improperios. En otras ocasiones, montan un espectáculo descomunal en el fragor del juego, se meten con el público, discuten airadamente con los árbitros o, incluso, agreden verbal o físicamente a los jueces de línea. ¡Triste espectáculo que atenta gravemente contra el espíritu deportivo y el deber de ejemplaridad que les impone su condición de figuras públicas!

Por el contrario, ¡qué admirable es la serenidad, elegancia y don de gentes de otros grandes campeones del circuito profesional de tenis! Su madurez ante las contrariedades del juego y las salidas de tono de sus rivales les convierte en gigantes del deporte, por su cabeza fría, control oportuno de las emociones y atinado sentido de la discreción. Además de sus célebres victorias en la cancha, saben ganarse con naturalidad y sencillez el corazón del público, y esa imagen de integridad y vida lograda los acompaña allá donde vayan. ¡Son antorchas encendidas que pegan su fuego a todo lo que tocan!

¿Cómo logran hacerlo? Siendo equilibrados en su manera de ser, pensar, actuar y decir. Ciertamente, no son personas perfectas ni nada que se le parezca, pero se conocen a sí mismas, saben actuar con rectitud de intención y buena voluntad, y en sus discursos de victoria o derrota, muestran la magnanimidad, humildad y deportividad que la ocasión amerita.

> ¿Cómo logran hacerlo? Siendo equilibrados en su manera de ser, pensar, actuar y decir.

En resumen, son coherentes con su identidad personal, constantes con sus deberes profesionales y consistentes con la vida que han forjado con su esfuerzo y dedicación. ¡Son líderes que predican con el ejemplo, dentro y fuera de las canchas!

2. PRACTICAN LA ASERTIVIDAD

«Más vale una palabra a tiempo
que cien a destiempo».
Miguel de Cervantes

A lo largo de los años que he trabajado como consultor empresarial en temas de liderazgo y comunicación, he comprobado que los líderes más eficaces en su labor profesional son aquellos que practican la asertividad con sus superiores, colegas y colaboradores.

Una persona con esta cualidad, indistintamente del puesto que tenga, sabe aplicar esta habilidad social para relacionarse de forma honesta, congruente y equilibrada con los públicos que se relaciona. A la hora de ejercer una labor directiva, una persona asertiva estará mejor preparada para expresar sus decisiones, opiniones, sentimientos e ideas de una manera clara, directa y respetuosa, lo cual facilitará su desempeño profesional y la gestión de su autoridad ante cualquier grupo humano.

Por una sencilla razón: la comunicación asertiva es comunicación virtuosa, puesto que su práctica habitual se encuentra en el medio entre el exceso y el defecto. Es decir, no es una comunicación agresiva o autoritaria, que intimida al otro por su carácter fuerte, tono de voz y actitud reactiva. Ni tampoco es pasiva o débil, por su falta de carácter y actitud dubitativa. Por el contrario, el comunicador asertivo procura expresarse con mensajes claros y concretos, y manifiesta una actitud de confianza y determinación, pero sin afán de herir o perjudicar a su interlocutor.

> La comunicación asertiva es comunicación virtuosa.

Liderazgo y comunicación asertiva

Al investigar el estilo directivo en las empresas con las que he trabajado, me resulta cada vez más llamativa la relación entre el liderazgo y la comunicación asertiva.

Es compleja la realidad de esas empresas que tienen un ambiente tóxico o excesivamente centrado en el giro del negocio, en el que los colaboradores echan en falta detalles de cercanía y confianza de parte de sus jefes inmediatos. Resulta inquietante para los subordinados, no tener certeza de cómo va su trabajo o en qué aspectos pueden mejorar para ser más eficaces en su labor diaria. Tristemente, perciben que sus jefes no les dedican tiempo ni les retroalimentan en ningún momento, ni mucho menos escuchan sus ideas. Este distanciamiento se instala de forma permanente en el ambiente de trabajo, lo cual afecta el clima laboral y la motivación del equipo de colaboradores.

Por el contrario, cuando las relaciones de trabajo están lubricadas por un espacio de aprecio, consideración y respeto a las personas, se manifiesta un elocuente tono humano en las comunicaciones interpersonales. La asertividad contribuye a crear espacios de entendimiento y confianza, que facilita las condiciones para que los colaboradores aporten ideas y se sientan tomados en cuenta en la marcha de la organización.

> La asertividad contribuye a crear espacios de entendimiento y confianza.

En los lugares donde sobresale la asertividad en la comunicación interna, prevalece un ambiente de mayor iniciativa de los miembros de un equipo de trabajo y una mejor asimilación de la cultura interna de la compañía. El líder tiene mucho que ver en esto, pues se le aprecia como alguien que sabe lo que dice y a quien se le escucha con atención cuando da indicaciones, piensa en voz alta o emite opiniones concretas sobre el curso de la operación. Incluso, cuando tiene que hacer valer su autoridad o corregir acciones que están fuera de lugar o resultan una amenaza para toda la organización.

Esto que apunto, me hace recordar una escena de la película *Manos Milagrosas* (*Gifted Hands*, 2009). Película basada en hechos reales de la vida de Ben Carson, en su momento uno de los más prestigiosos neurocirujanos del planeta, quien durante sus años de residencia como médico enfrentó una difícil decisión en la sala de emergencia de un hospital.

Estando de turno y sin ningún neurocirujano disponible en ese momento, Carson atendió en la sala de emergencia a un paciente que había sido golpeado en la cabeza con un bate de beisbol. La vida del paciente corría grave peligro si no se operaba cuanto antes. La enfermera principal le puso al corriente que no había forma de localizar a algunos de los médicos especialistas ni tampoco al equipo. Carson advierte la gravedad del caso, pero se resiste a operarlo porque es residente, es ilegal operar sin la supervisión de un médico a cargo y, ciertamente, aún no está calificado para hacer una cirugía tan compleja. La enfermera le anima a hacerlo y este toma la decisión de operar a pesar de todos los riesgos. Se encomienda a Dios y entra a sala de operación.

En la siguiente escena, la misma enfermera sale al encuentro de Carson y le informa que el director del hospital quiere verlo de inmediato. Al entrar en el despacho del jefe, éste le enumera de inmediato los diversos riesgos a los que expuso al paciente, al hospital y a su propia carrera: «Usted operó a este hombre sin permiso, sin supervisión, puso a este hospital en grave peligro legal. De haber muerto, su carrera habría terminado». Sin embargo, después de una breve pausa, le dice con satisfacción: «Lo hizo muy bien doctor Carson. Lo felicito por tomar la decisión correcta a pesar de las posibles consecuencias». Y el jefe le estrecha la mano con aprecio y afecto sincero, sin dejar de mirarle a los ojos. Carson se queda de una pieza, impactado por el desenlace de la conversación (*Ibídem*).

¿Cuál es el aprendizaje de esta escena? Pienso que el director del hospital no atenúa la gravedad de los riesgos ni la complejidad del episodio, pero tiene la virtud de reconocer y felicitar la decisión tomada por Carson en un momento crítico. La comunicación es clara, congruente con la realidad de los hechos, pero equilibrada en cuanto a ponderar el acierto en la decisión del médico en un momento crucial en la vida del paciente. Por ello, pienso que la asertividad tiene que ver con la honestidad y el sentido de oportunidad, para no dejar pasar un incidente que merece toda la atención posible y, cuyo desenlace, deja frutos de aprendizaje para todos los involucrados.

En este sentido, las personas asertivas saben equilibrar y controlas sus emociones. Que no significa que las reprimen o anulan, sino que saben darle a cada cosa su nombre y lugar, sin eufemismos ni falsas consideraciones.

> Las personas asertivas saben equilibrar
> y controlas sus emociones.

Cultivar espacios de encuentro y expansión

Es verdad que la comunicación asertiva no es una varita mágica que lo resuelve todo con su toque y efecto. En ocasiones, el líder que maneja una comunicación muy clara, directa y honesta resulta incómodo en algunos ambientes profesionales. Su naturalidad para expresar en voz alta sus pensamientos y opinar de forma transparente sobre diversos hechos y asuntos, puede generar actitudes de recelo y antipatía entre ciertos interlocutores, por mucho que se haga con respeto y moderación.

Ninguna persona es «monedita de oro» para simpatizarle a todo el mundo. Lo normal es que en una conversación haya puntos de vista discordantes y diversas soluciones a un mismo problema o desafío. No tiene sentido creer que, por ser más locuaz o abierto en la comunicación, uno tiene en su poder la verdad absoluta o la respuesta a todos los temas. En el capítulo anterior hablábamos de la importancia que tiene la virtud de la humildad en la acción directiva, pero ésta se precisa también en las relaciones interpersonales y en la capacidad de distinguir el sentido de oportunidad.

Tiene razón Aristóteles cuando dice que: «El hombre es dueño de sus silencios y esclavo de sus palabras». ¡Cuántos dolores de cabeza dejaríamos de padecer si hiciéramos uso correcto de la prudencia al hablar! Porque en ocasiones hay personas que no piensan ni saben lo que dicen y, en honor de una mal llamada autenticidad, se lanzan a criticar o hablar mal de otros o de ciertos hechos que desconocen con exactitud.

> ¡Cuántos dolores de cabeza dejaríamos de padecer si hiciéramos uso correcto de la prudencia al hablar!

Sin embargo, son afortunados los que saben hacer uso de la palabra y aprovechan las ocasiones para convertirla en un vehículo de ideas luminosas e inspiradoras. Porque es muy cierto que «la autenticidad de la existencia humana pasa necesariamente por la palabra, por el uso que hagamos de ella» (Martí García, 2004).

Por ello, la verdadera magia de la comunicación asertiva se hace realidad cuando somos capaces de cultivar espacios de encuentro con los demás y de expansión de nuevas ideas que buscan hacerse un espacio en el interior de las personas. «La palabra llega a la cabeza y el corazón de quien nos escucha, vale la pena pues que sea iluminadora y cálida, para que alumbre a la inteligencia y haga compañía al corazón» (*Ibídem*).

De hecho, cada vez que enriquecemos la conversación con hechos ciertos y palabras claras, el encuentro entre dos personas adquiere un interés genuino por comprender la verdad y conocer con más certeza a la persona que nos habla. Lo que decimos y cómo lo decimos, configura también nuestra identidad. «Nuestra manera de expresarnos, las palabras que escogemos y los temas que seleccionamos van diciendo a los demás quiénes somos. Lo que ignoramos o nos es indiferente o no entra a formar parte de nuestro discurso. Sin embargo, lo que nos es querido, las preferencias personales, de una u otra forma siempre se hacen presentes en las conversaciones en las que intervenimos» (*Ibídem*).

> Lo que decimos y cómo lo decimos,
> configura también nuestra identidad.

Esto que menciono, tiene una capital importancia en la comunicación interna. Las ciencias políticas han convertido «la forma en el fondo», pero no me parece acertado convertir el encuentro y el diálogo en meros formalismos o en cortesía política, sino que deben ser espacios para comprender de mejor forma a quien me habla y de dónde me habla (ampliaremos sobre este aspecto en el capítulo seis). Porque en el cara a cara entre dos personas, no debería haber caretas ni disfraces, sino más bien la franqueza de un hombre o una mujer que se revelan a través de sus gestos, expresiones y palabras. Lamentablemente, «da la sensación de que cada vez se habla más, pero en cambio se dicen menos cosas interesantes» (*Ibídem*).

> En el cara a cara entre dos personas, no
> debería haber caretas ni disfraces.

Claves del liderazgo asertivo

Por ello, propongo algunas claves que pueden contribuir a fortalecer el liderazgo asertivo:

1. **Comparten su visión con sencillez.** Los verdaderos líderes tienen clara la visión del proyecto que tienen en mente y son muy efectivos a la hora de inspirar a los miembros de su equipo en el rol que cada uno puede desempeñar para lograrla. «El líder tiene un sueño, un sueño del que nace invariablemente un ideal y una misión» (Havard, 2018). Pero esta visión no la imponen ni están cada día insistiendo en ella, sino que la proponen con sencillez y naturalidad. «Sus palabras convencen e inspiran confianza a quien las escucha porque se atienen a la realidad sin ningún tipo de desfiguraciones (interesadas)» (Martí García, 2004).

2. **Demuestran un genuino interés por las personas.** En el trato particular y colectivo, el líder asertivo siempre antepone la dignidad de la persona por encima de todo lo demás. Su actitud con quienes le rodean es cercana y profundamente auténtica. No repara en los prejuicios ideológicos, condición social o trayectoria profesional de sus interlocutores.

   Por el contrario, sus relaciones interpersonales están basadas en la premisa que es más importante la persona por lo que es, que por lo que tiene. Y esto se advierte en el tiempo que dedica a elevar la temperatura de afectividad en sus relaciones y conversaciones. Lo cual se manifiesta en el genuino interés que demuestra en conocer los antecedentes, circunstancias actuales y proyectos en mente que tienen las personas con las que interactúa de forma directa. Sus puertas siempre están abiertas para escuchar a quien le busque de forma sincera.

3. **Saben hacer las preguntas correctas.** En sus conversaciones y entrevistas no anticipan sus opiniones de forma espontánea, sino que siempre van precedidas por unas cuantas preguntas concretas que contribuyen a situar los temas en el verdadero contexto y a orientar la conversación por la ruta que pueda ayudarle al otro a identificar las respuestas adecuadas. En su lugar, adopta un rol de *coach*, es decir, plantea las preguntas en clave de guía para que sea su interlocutor el que saque provecho de la conversación y encuentre la ruta para resolver por su cuenta los propios problemas y desafíos.

4. **Enseñan con generosidad y corrigen sin humillar.** En su labor directiva el líder asume un rol de formador de criterio, lo cual le hace compartir sus conocimientos y experiencias sobre diversas realidades, y sacar la mejor versión de las perso-

nas que están a su cargo. Enseña con generosidad, pero con amable exigencia, sin actitudes condescendientes o paternalistas. Por ello, procura alentar el esfuerzo personal de sus colaboradores, en búsqueda de una mayor autonomía y compromiso de su parte. «Si tratamos a la gente como es –decía Goethe– la haremos peor, si la tratamos como debería ser, la guiaremos allá donde debería estar».

Pero si el estímulo resulta insuficiente o no es correspondido, sabe corregir la dirección de tal forma que la persona pueda acertar con el rumbo de su formación particular y de sus actuaciones profesionales. «Si eres magnánimo, te olvidarás de ti mismo cuando debas corregir y solo tendrás en cuenta el éxito del trabajo que se tiene entre manos y el bien de la persona a quien corriges» (Lovasik, 2015). Por lo tanto, la corrección la hace sin precipitación y después de haberla pensado bien. Luego, busca la ocasión propicia para estar a solas con la persona y procede con tacto y amabilidad, poniendo el acento en corregir el descuido, la negligencia o la acción errónea, sin intención de humillar o perjudicar. ¡Nobleza y caridad en todo momento!

5. **Inspiran con su ejemplo y guían con sus palabras.** La eficacia de la comunicación asertiva va en doble vía. Por un lado, un líder íntegro inspira

con el ejemplo de sus acciones, y por otro, muestra el camino con la claridad y transparencia de sus palabras. «Antorcha es tu palabra ante mis pasos, luz en mi sendero» (Salmo 119, n. 105). ¡Cuánta luz irradian estas personas en su entorno! «Cuando llega la palabra con calor y luz se produce el mismo efecto que si una estrella hubiera caído del cielo: nuestros ojos se iluminan, el corazón se enciende y la inteligencia descubre una clave más del misterio de la existencia» (Martí García, 2004).

Un líder inspirador sabe conjugar obras y palabras. En otras palabras, asume el papel de mentor, por lo que sabe estar disponible para las personas con las que trabaja cada día (de esto hablaremos en el próximo capítulo). Pero como decíamos antes, también ejerce de *coach*, es decir, alienta con sus atinadas observaciones y preguntas para ayudar al interesado a descubrir las soluciones que pueden servir en las diversas circunstancias que se presenten. Sus indicaciones y ejemplos oportunos cobran vida ante nuestros ojos y adquieren una luminosidad que nos hace encontrar la senda correcta de la propia autonomía.

6. **Procuran siempre expresarse bien de las personas.** Otra gran virtud del líder asertivo es la discreción en sus opiniones sobre los demás, máxime si no están presentes. Decía Diógenes Laercio,

«que tu lengua no corra por delante de tu pensamiento». Por eso, el líder evita la crítica destructiva y la maledicencia, y todo aquello que difame el buen nombre de las personas con las que se relacione o no. Triste realidad de los líderes que no son prudentes. Porque una persona que ejerce labores directivas irradia un terrible mal ejemplo cuando se expresa de forma negativa, injusta o con mordacidad respecto a sus propios directivos, colegas y colaboradores. «La crítica delata una mente empequeñecida. Algunos creen que descubrir defectos es señal cierta de sabiduría, pero nada requiere tan poca inteligencia. No hay cosa más fácil que criticar: para dedicarse a algo tan agrio no se necesita talento, ni carácter, ni renuncia personal, ni genio» (*Ibídem*).

Demuestran gran fortaleza de carácter aquellos que son capaces de silenciar sus propios juicios de valor sobre otros y, cuyo ejemplo, sirve de referencia clara para las personas que comparten una conversación con él. Esto requiere de gran sensibilidad y respeto hacia la dignidad y buen nombre de las personas.

7. **Asumen la responsabilidad personal y alientan el mérito de los demás.** Podemos explicar este punto con la metáfora «del espejo y la ventana» que figura en un estudio sobre liderazgo (Collins, 2005). Mora explica que según este autor «un

auténtico líder, es aquel que, cuando quiere encontrar la causa de los problemas de su empresa, la responsabilidad de lo que marcha mal, mira al espejo, busca dentro de sí o de su propia organización; un auténtico líder es también aquel que, cuando quiere encontrar la causa de los triunfos de su empresa, el mérito de lo que marcha bien, mira a través de la ventana, analiza los factores externos que han conducido al éxito. El espejo señala la responsabilidad; la ventana el mérito» (Mora, 2009).

El problema es que aquellos que no son ejemplares actúan al revés de esto que apunta Collins. En su lugar, «atribuyen siempre a factores externos el origen de los problemas, y se consideran siempre la clave del éxito» (*Ibídem*).

Por lo tanto, después de haber repasado unas cualidades esenciales de la comunicación asertiva, es importante ahora considerar las señas de identidad de los líderes que inspiran por su sentido de disponibilidad hacia los demás, los cuales saben respaldar a su equipo y generar condiciones adecuadas para asumir compromisos a pesar de los riesgos y amenazas.

3. SABEN ESTAR DISPONIBLES

> «*El comportamiento es un espejo en el que*
> *cada uno muestra su imagen*».
>
> **Goethe**

Hace varios años se popularizó en los Estados Unidos un libro de frases inspiracionales, titulado: *El pequeño instructivo para la vida (Life´s little instruction book)*, que contiene «511 frases, sugerencias y consejos para vivir una vida feliz y útil» (Brown Jr., 1991).

Escrito por Jackson Brown Jr., originalmente como un regalo para su hijo Adam que estaba por iniciar la universidad lejos de casa y del cual le preocupaba que fuera feliz. El libro resume una serie de pensamientos y consejos útiles para cualquier persona. De hecho, fue su hijo el que decidió fotocopiar el texto de su padre y distribuirlo entre sus compañeros. Las frases tuvieron tan buena aceptación que una editorial se interesó en ellas y le pidió autorización a Brown para publicarlas en un libro. Este se convirtió rápidamente en un éxito de ventas y ha sido traducido a varios idiomas. Hasta la fecha se han publicado varias ediciones del libro, así como nuevos volúmenes de frases, y todo ello en una diversidad de formatos.

La mayoría de las frases son ideas sencillas de sentido común y tono humano, para hacer más llevadera la vida personal y la convivencia con otras personas. Hay sugerencias elementales de cuidado personal y cortesía con los demás, pero también hay consejos para ser coherente con los principios adquiridos en el hogar familiar, así como normas básicas de comportamiento social. Por ejemplo: «Estrecha la mano con firmeza, y mira a la gente de frente a los ojos»; «haz lo que creas que sea correcto, sin importar lo que otros piensen»; o «recuerda que la felicidad no es una meta sino un camino: disfruta mientras lo recorres» (*Ibídem*), y cientos de consejos más de este estilo.

Pienso que la idea de esta variada colección de frases fue una genialidad de un padre que tenía tantas cosas que decir a su hijo, al cual le servirían muchas de ellas para aprender a conocerse y madurar en su vida personal. El nombre es apropiado, porque el libro es un pequeño instructivo de gotas de sabiduría personal, que estoy seguro ha ayudado a muchos padres a tener una buena conversación con sus hijos. De igual manera, también ha podido servir de tema de charla entre buenos amigos o de programa básico de inspiración para miles de personas que lo han leído.

Y recordaba este libro, porque es una riqueza enorme tener la oportunidad de encontrar a un mentor fiable con el cual poner en orden las ideas y exponer con claridad las inquietudes que en ocasiones nos impiden elevar el vuelo y volar alto. Estoy seguro de que acceder a una persona así, a la que se le pueda consultar una diversidad de temas y forjar una amistad basada en la confianza, resulta de gran provecho y crecimiento interior. En una relación de esta naturaleza existe un respeto profundo a la dignidad de la persona y un aprecio sincero por el bien particular del otro. «*Entre el yo y el tú* no caben las tiranías, las imposiciones, los chantajes emocionales, los paternalismos trasnochados, las suplantaciones indebidas, los consejos innecesarios y las recomendaciones banales» (Martí García, 2004).

> Es una riqueza enorme tener la oportunidad de encontrar a un mentor fiable con el cual poner en orden las ideas.

Lo que busca un encuentro así con una persona sabia es compartir un sentido de propósito a través de una fuerte unidad y verdadero diálogo. «Buscar la unidad salvando la diferencia no es desde luego tarea fácil, pero precisamente en eso consiste el auténtico diálogo. De lo contrario es preferible el silencio» (*Ibídem*). Y si este sabio resulta ser el líder, entonces el resultado es excepcional, porque la riqueza de un líder sabio es que fundamenta sus pensamientos en la virtud de una vida lograda.

Pues como bien dice Lovasik, «la mutua confianza es una de las manifestaciones más sublimes de la caridad» (Lovasik, 2015). Porque resulta imposible tratar con una persona desconfiada y sumida en un laberinto de temores e inquietudes sobre los demás. «La sospecha nos arrebata tanto la paz interior como el sosiego exterior. Al hombre suspicaz, inmerso siempre en un conflicto interminable, no lo quiere nadie, no se gana la confianza de nadie. Este rasgo del carácter convierte a muchas personas en amigos y conocidos sumamente ingratos» (*Ibídem*).

> «La mutua confianza es una de las manifestaciones más sublimes de la caridad».

Este desasosiego exterior que presenta una persona así refleja el torbellino de pensamientos y emociones disparatadas que rondan en su cabeza y corazón. Están siempre como en huida hacia delante, inquietos, sin tiempo para nada ni para nadie. Son presa de las circunstancias y cautivos del reloj. Parecería que viven para la agenda y para la galería. No hay reposo en sus ideas ni calma en su talante. «Si tienes tendencia a ser suspicaz, la única cura consiste en adquirir la costumbre de eliminar cualquier rumor infundado que te pase por la cabeza. Sigue la práctica de admitir que la gente es buena a menos que dé pruebas objetivas de no serlo» (*Ibídem*).

El gran éxito de un líder prudente es su capacidad de ser sincero, amable y al mismo tiempo exigente, para saber decir las ideas con don de lenguas, sin alzar la voz y buscando la mejor versión de las personas. Las personas hipócritas, altaneras y provocadoras, nos repelen a la primera impresión. De igual forma, tendemos a evitar a las orgullosas y egoístas. Resulta complicado confiar en alguien que únicamente tiende a pensar en sí mismo o que está en la vida solo para que le sirvan. Será tarea difícil que se pueda entregar a los demás o disponer de su tiempo para ponerlo al servicio de quien lo busque como mentor.

> Resulta complicado confiar en alguien que únicamente tiende a pensar en sí mismo o que está en la vida solo para que le sirvan.

El verdadero líder sabe estar disponible

No me equivoco cuando afirmo que uno de los principales atributos de un buen líder es su disponibilidad. A pesar de estar inmerso en múltiples responsabilidades y compromisos, sabe encontrar espacio y tiempo para atender a quien le busca para conversar o para ofrecer su ayuda en alguna necesidad particular.

Y gracias a que saben estar disponibles para los demás, se ganan con facilidad el afecto y el reconocimiento de quienes forman parte de su entorno. Son personas «faro», cuya presencia sirve de referencia a todos los que se encuentran cerca de él y su luz ilumina la ruta de quienes navegan en costas oscuras y rocosas.

Esta disponibilidad personal es una vocación de servicio, reservada a quienes valoran a las personas antes que las ideas, los resultados y las cosas. No es que sean únicos, fuera de serie o carezcan de defectos. Los tienen como todos, pero sus virtudes eclipsan a sus defectos, y se nota en su lucha por permanecer centrados a pesar de sus complejas circunstancias personales.

Esta disponibilidad personal es una vocación de servicio, reservada a quienes valoran a las personas antes que las ideas, los resultados y las cosas.

Al respecto, tengo muy presente la trama de una cautivadora película de finales del siglo pasado: *Una historia del Bronx* (*A Bronx Tale*, 1993). El filme relata la historia de un joven del Bronx llamado Calogero, que en plenos años sesenta en el convulso ambiente de la mafia de Nueva York, se enfrenta al dilema de seguir los consejos de su padre Lorenzo, un sencillo y honrado conductor de autobús, o imitar los pasos de Sonny, el capo mafioso del barrio, con quien mantiene una duradera relación de amistad.

En una de las conversaciones con el jefe mafioso, Calogero le cuenta un problema que tiene con un muchacho que le debe veinte dólares y que se le escabulle cada vez que lo mira. El piensa que se ha convertido en un problema y debe darle una lección. El capo le cuestiona su manera de pensar y le argumenta que «a veces lastimar a alguien no es la respuesta». En su lugar, le sugiere olvidar la deuda y asumir que esos veinte dólares es un precio barato para ya no tener nada más que ver con el deudor. Calogero le reconoce que siempre tiene la razón. Y el capo le contesta que, si siempre tuviera la razón, él no habría pasado diez años en la cárcel.

La escena continúa y, a medida que pasean por el barrio, el capo aprovecha hablarle de un tema que leyó mientras estuvo en la cárcel: la disponibilidad. Y le explica: «Yo podría vivir donde quisiera. ¿Sabes por qué vivo en este barrio? Disponibilidad. Quiero estar cerca de todo. Porque estando aquí puedo ver los problemas inmediatamente. El problema es como el cáncer, tienes que verlo pronto; si no lo ves se agranda y te mata. Tienes que cortarlo» (*Ibídem*).

Luego, al llegar a un bar, le vuelve hablar de la importancia de la disponibilidad: «la gente de este barrio que me ve a diario y está de mi lado, se siente segura porque sabe que estoy cerca. Eso les da más razones para quererme. Pero la gente que quiere hacerlo de otro modo, lo piensan dos veces, porque saben que estoy cerca. Eso les da más razones para temerme» (*Ibídem*).

Interesante reflexión filosófica de este curioso personaje[1], que en su apariencia externa es un gánster implaca-

1. Chazz Palminteri escribió el guion e interpreta a *Sonny,* el capo mafioso del barrio, en esta película dirigida y coprotagonizada por Ro-

ble que vive del crimen organizado, pero en su interior se considera alguien cercano que sabe estar disponible para la gente que está de su lado. Está claro que su estilo de vida no es un modelo de virtud, sin embargo, su planteamiento del tema es acertado.

Efectivamente, desde la óptica del liderazgo inspirador, la esencia de la disponibilidad consiste en estar cerca de las personas y atento a lo que les sucede. Es palpar el ambiente, conocer el entorno y entrar en acción cuando sea necesario arrimar el hombro. En muchas ocasiones, esta presencia activa, decidida y cercana, hace la diferencia para lograr una mayor unidad, entrega y compromiso de parte de su equipo.

> La esencia de la disponibilidad consiste en estar cerca de las personas y atento a lo que les sucede.

Demuestran firme compromiso hacia las personas y sus retos personales

La actitud de firme compromiso hacia las personas y la constante dedicación a las responsabilidades asumidas

bert De Niro, quien hace el papel de *Lorenzo*, el padre de Calogero. Resulta ventajoso que el guionista de la película sea el mismo actor que interpreta al personaje del mafioso, porque asume con naturalidad el protagonismo de la historia a lo largo de la trama.

en su cargo son dos grandes cartas de presentación de los líderes inspiradores.

Esa disposición a quienes le rodean, así como su apoyo incondicional para ayudarles en sus retos de cada día, tiende a cautivar más que su lucidez intelectual o sus palabras grandilocuentes. «Si no estamos convencidos de la dignidad que cada persona posee es inútil que intentemos ser auténticos en nuestras relaciones con los demás, porque todo se reducirá a simples estrategias» (Martí García, 2004).

Quizás has oído hablar de Indra Nooyi, que tuvo a su cargo la presidencia ejecutiva de PepsiCo durante doce años, desde 2006 hasta 2018. Originaria de la India, se mudó a los Estados Unidos en 1978 para estudiar en la Facultad de Administración de la Universidad de Yale. Desde que se graduó, recorrió un largo camino profesional en diversos puestos comerciales de reconocidas empresas estadounidenses hasta llegar a convertirse en una de las líderes corporativas más poderosas del planeta.

En su experiencia particular, luchó siempre por conciliar su exitosa carrera profesional y sus responsabilidades familiares, a pesar de las limitaciones de tiempo y deberes que su puesto le imponían. Pero no le resultó fácil lograrlo. En el camino, tuvo que hacer muchos sacrificios. Uno de ellos fue no poder participar muchas veces en las reuniones semanales que organizaban en el colegio de sus hijas para las madres de las alumnas, o no estar presente para compartir tiempo valioso con su esposo y el resto de su familia, debido a sus numerosas juntas de trabajo o sus frecuentes viajes a distintas partes del mundo.

Sin embargo, al mirar hacia atrás en su larga carrera profesional, reconoce con gratitud haber contado con el apoyo de muchas personas que le ayudaron a sobrellevar en sus diversas labores como hija, esposa, madre y ejecutiva. Porque cada rol demandaba un esfuerzo único y particular que le exigía dedicarse con responsabilidad a todo ello. Al respecto, resulta interesante la respuesta que dio durante una entrevista a la BBC: «No se puede dejar que el privilegio y los adornos se te suban a la cabeza. Hay que mantener las piernas firmemente enraizadas en el suelo y concentrarse en la responsabilidad de estos trabajos. Eso es todo lo que hago» (BBC, 2018).

Esta actitud de entrega generosa y de buen hacer es una muestra clara de la disposición personal del líder para trabajar por el bien de los demás, y no solo para su provecho individual. «Un líder es siempre un servidor: Un servidor de sus compañeros, de sus empleados, de sus hijos, de sus conciudadanos, un servidor de toda la humanidad. La esencia del servicio es la humildad» (Havard, 2018).

Por lo tanto, en su capacidad de darse por entero radica el compromiso genuino por las personas y la alegría de servir. «Si el don sincero de sí produce alegría, la persona que solo se mira a sí misma cae en la tristeza, pues las limitaciones propias de una criatura nunca podrán saciar las ansias de infinito y de trascendencia que alberga el corazón humano» (Fazio, 2019).

> En su capacidad de darse por entero
> radica el compromiso genuino por las
> personas y la alegría de servir.

Estar disponible va más allá de estar presente

Es sumamente difícil que alguien pueda estar siempre al alcance de los demás y presto para entrar en acción, porque en ocasiones las circunstancias le impedirán estar presente en el mismo lugar y a todas horas.

Pero estar disponible va más allá de estar siempre a la mano. Se puede estar disponible sin estar presente. La tecnología audiovisual ha resuelto esto de una forma muy práctica. Gracias al teléfono móvil o a las diversas plataformas interactivas de comunicación, es posible localizar y conectar en tiempo real con personas que están a cierta distancia física o, incluso, del otro lado del planeta.

Sin embargo, en este caso no me refiero solamente a estar localizable, que ya es importante, sino a tener la certeza que, en cualquier situación, amenaza o peligro que se presente, contamos con el apoyo fiable e incondicional de esas personas singulares a quienes reconocemos su autoridad como cabezas de familia, jefes de labores o colegas, voluntarios a cargo de iniciativas sociales, profesionales de la salud o personas responsables de una comunidad humana.

Y, como hemos mencionado, el líder que sabe estar disponible es aquel que tiene una gran vocación de servicio. «Madres y padres de familia que se sacrifican día tras días para dar calor a su hogar en medio de circunstancias extremas; personas que acompañan a los enfermos, a los moribundos, dándoles el consuelo de una mirada, una sonrisa, sin pedir nada a cambio; trabajadores de los todos niveles que desempeñan sus obligaciones con espíritu de servicio; científicos y académicos que no cejan en su empeño por encontrar la verdad y así iluminar los distintos ámbitos de nuestra sociedad» (*Ibídem*).

Es una gran riqueza tener nuestra confianza puesta en quien sabemos que nos conoce y está de nuestro lado, porque tendremos un aliado poderoso para luchar contra las adversidades que enfrentemos y con el que habrá más posibilidades de vencer. De esto hablaremos con mayor amplitud en el capítulo seis, pero mientras tanto, esta idea que hemos apuntado nos confirma la relevancia de la disponibilidad como una acción humana que nos inspira confianza en nuestros líderes. Sabemos que no lo hacen como una postura estudiada o un artificio para quedar bien, sino como parte de su verdadera identidad. Puesto que, en caso contrario, se notaría su actitud fingida de una falsa disponibilidad.

Como todo, el gran secreto de quienes tienen esta firme disposición hacia los demás, tiene que ver con su capacidad de saber escuchar con atención a las personas con las que interactúan cada día. Para lograrlo, hablan menos de sí mismos o de sus logros y hazañas, y ponen atención en lo que los demás tienen que decir. De esto hablaremos a continuación.

> El gran secreto de quienes tienen esta firme disposición hacia los demás, tiene que ver con su capacidad de saber escuchar con atención a las personas con las que interactúan cada día.

4. HABLAN MENOS Y ESCUCHAN MÁS

> *«La elocuencia no está en el que habla,*
> *sino en el que escucha».*
>
> **Fray Martín Sarmiento**

Es fácil advertir en la literatura y en el cine, que la figura del líder es presentada con el prototipo del sabio que pondera los hechos y mide sus palabras, las cuales parece haber reflexionado largamente. Sus silencios son elocuentes y, cuando habla, sus discursos son breves, claros y honestos, pero también, muy pertinentes. De hecho, suele ocurrir, que sus gestos hablen más que sus palabras, pero cuando las tiene que decir, apunta al objetivo con precisión para subrayar su mensaje.

Por eso, los líderes inspiradores no abusan de las palabras ni de los discursos vacuos, sino que reafirman su identidad con sus pequeños o grandes gestos. Lo cual se nota en su capacidad para poner atención en los detalles y escuchar con claridad lo que los demás tienen que decir. Y, cuando ven razonable intervenir, saben dar las indicaciones oportunas, elevar la moral de los suyos y resolver con acierto las diversas encrucijadas que se presentan.

Valga como ejemplo, el personaje central de *Sidi*, novela que cuenta la historia de Ruy Díaz de Vivar, el legendario Cid Campeador (Pérez-Reverte, 2020). En el principio de este relato épico del héroe castellano, que se encuentra desterrado por su propio rey en la frontera de Castilla, una treintena de hombres le acompañan a sol y sombra en su persecución contra un puñado de moros que a su paso han invadido y saqueado una serie de pequeñas poblaciones de cristianos. Pasan varios días y sus noches, y el Cid no les dirige palabras a los suyos, pero antes de entrar en batalla con su pequeña tropa, escoge el momento oportuno para hablarles con calma y claridad de lo que tiene en su mente y corazón.

Casos como el de este héroe medieval se repiten en otros relatos literarios o en películas, como es el caso de William Wallace en *Corazón Valiente* (*Braveheart*, 1995) o en la historia del general Máximo Décimo Meridio (*Gladiator*, 2000), que lidera con éxito al resto de sus compañeros gladiadores para salvar su vida en el fragor de las luchas en el Coliseo Romano.

Sin embargo, más allá de los célebres discursos que estos personajes memorables dirigen a sus seguidores en las grandes ocasiones, su verdadero legado es el ejemplo de vida que expresan sus acciones discretas y calladas en la ordinaria sencillez de cada día.

Porque no hay cosa más desagradable que toparse con una persona «yo-yo», en la que todo lo que ocurre tiene que ver con él y con sus circunstancias. «Centrar una conversación en lo que yo hago, en lo que yo creo, en lo que yo opino, en lo que yo pienso, en lo que yo prefiero, en lo que yo… en lo que yo…, no deja de ser un atosigamiento insufrible, que provoca unas ganas despavoridas de huir antes de soportar este acoso» (Martí García, 2004).

Lo peor es que muchos que son así, no se percatan del efecto que provoca su actitud tan egocéntrica. Triste caso cuando el que habla de este modo es el jefe, porque piensa que todo inicia y concluye en su persona. Alguien así, no tiene estirpe de líder, porque sus pensamientos y palabras gravitan solo en la órbita de sus fijaciones personales. En su lugar, quienes le rodean tienden a evitarlo, porque nadie en su sano juicio gusta escuchar el desagradable murmullo de quien solo sabe hablar de sí mismo y de sus particularidades. Porque, a decir verdad, «quien inicia una conversación tiene el compromiso moral de no amargar la existencia ajena, sino más bien todo lo contrario» (*Ibídem*).

¡Cuántos habremos tenido la experiencia de conocer a jefes de este estilo!, cuyo legado no es precisamente el provechoso recuerdo de un comportamiento ejemplar, sino el martilleo incesante de sus propios logros, opiniones y contrariedades. No digo que el jefe debe de carecer de defectos o ser alguien tímido que no habla, no cuenta o no hace nada para no equivocarse.

En realidad, el jefe puede ser alguien locuaz y simpático, y mejor si está dotado de un gran sentido del humor. Porque hay personas con temperamento sanguíneo que están continuamente alegrando a los demás con sus comentarios ingeniosos y bromas divertidas. «Una broma inofensiva es un regalo de la caridad destinado a animar y sembrar alegría en una reunión: disipa la tristeza con una amable sonrisa» (Lovasik, 2015).

> Hay personas con temperamento sanguíneo que están continuamente alegrando a los demás con sus comentarios ingeniosos y bromas divertidas.

Eso forma parte de su identidad y se ganan el afecto por su genuina naturalidad para expresarse e interactuar con sus colegas y conocidos. Pero lo que no debería suceder, es convivir tantas horas con personas que no reparan en los demás, convierten sus bromas en burlas o, desgraciadamente, su conversación resulta insustancial y poco edificante para quienes le rodean. «Sienten la tentación de decir cosas graciosas que raramente suelen ser amables. Muchas veces hay en ellos cierta dosis de amargura» (*Ibídem*).

Crean una cultura de diálogo

Una actitud muy sabia de un líder inspirador es tomarse el tiempo para provocar el diálogo con las personas que integran su equipo o forman parte de su entorno. Es una forma oportuna que tiene para conocer y cultivar el trato con cada una de ellas a lo largo de la jornada. Crean un espacio de confianza dedicado a intercambiar impresiones y profundizar en las circunstancias personales del interlocutor, pero no de modo superficial o trivial, ni mucho menos inquisitivo o indiscreto, como si se tratara de un trámite o una entrevista de rutina, sino con todos los sentidos puestos en ello. «Crear una cultura del diálogo es una tarea urgente en nuestras sociedades crispadas por una cierta agresividad en las relaciones interpersonales» (Fazio, 2019).

> Una actitud muy sabia de un líder inspirador es tomarse el tiempo para provocar el diálogo con las personas que integran su equipo o forman parte de su entorno.

Pienso que la clave de esto radica en la disposición sincera a escuchar y aprender de la otra persona, sin esa sensación tan penosa de urgencia y prisa que a veces se interpone en muchas conversaciones habituales. «Se ávido de escuchar y no de hablar», decía el historiador griego Diógenes Laercio. Pero esto es un tema que presenta una dificultad añadida para quienes tienen posiciones de autoridad en empresas y entidades, porque tienen tantas ideas rondando su cabeza y una agenda repleta de tareas, que en ocasiones este frenesí les impide centrar su atención en la conversación llana y serena con cualquier persona.

Cuando hay premura o apuro en la conversación, suele suceder que los interlocutores no siempre saben expresar lo que piensan o sienten, o peor aún, se ponen nerviosos ante la persona del líder. Las ideas se agolpan en la cabeza, las palabras no fluyen en orden y las frases se atropellan entre sí, por querer decir mucho en poco tiempo.

En estas ocasiones, resulta ser muy cierta esa idea de Heráclito que «la gente no sabe ni escuchar ni hablar». Posiblemente, esa conversación se había improvisado sobre la marcha y faltaban las condiciones propicias para el diálogo: tiempo para expresarse con calma, espacio adecuado para interactuar cara a cara y tener un mensaje oportuno que compartir con el otro.

Porque a veces el diálogo tiene como origen una idea que interesa expresar, cuyo propósito es hacerla saber al otro, ya sea para mostrar gratitud o satisfacción, aclarar un malentendido o inquietud, o también, para discrepar de un hecho injusto o problemático. O, como hemos dicho antes, simplemente para aprender a conocerse y tratarse. «Ante las distintas posibilidades que se presentan para resolver un problema, debe prevalecer una actitud de escucha y respeto hacia la persona que tiene una postura distinta de la nuestra. Muchas veces nuestros argumentos lograrán cambiar de parecer a nuestros interlocutores o, por el contrario, nosotros modificaremos nuestras posturas al reflexionar sobre lo que hemos escuchado. El diálogo implica humildad» (Fazio, 2019).

Lo cierto es que un líder no tiene todas las respuestas a los temas o cuestiones que un diálogo plantea, porque si las tuviera el encuentro carecería de sentido, puesto que no habría espacio para ese libre juego de las ideas y para el aprendizaje que el verdadero diálogo entraña. La riqueza del encuentro justamente es la novedad que el interlocutor me aporta. No estoy solo en el mundo, sino que lo comparto con otros seres humanos con los que intercambio ideas, inquietudes, aficiones, emociones, y tantas cosas más. En una palabra: humanidad.

> La riqueza del encuentro justamente es la novedad que el interlocutor me aporta.

Transparencia y naturalidad en las palabras

En ciertas ocasiones se echa en falta un marco de transparencia y naturalidad en las conversaciones, que ponga al margen las caretas, las actitudes defensivas y la corrección política que tanto daño hacen a la verdad. Poder expresar y defender las ideas con honestidad y valentía, pero con respeto, sin estar todo el tiempo sujetos al «qué dirán», a los mapas mentales que uno se fabrica de los demás y en guardia ante la opinión ajena. «Quien expone sus argumentos con una base sólida, respetando a los demás, con una sonrisa en los labios y con amabilidad en los modos, por lo menos obtendrá el reconocimiento de las personas de buena voluntad, aunque no coincidan con nuestros planteamientos vitales» (*Ibídem*).

> En ocasiones se echa en falta un marco de transparencia y naturalidad en las conversaciones, que ponga al margen las caretas, las actitudes defensivas y la corrección política que tanto daño hacen a la verdad.

Quizá recuerdes la película *El indomable Will Hunting* o *En busca del destino* (*Good Will Hunting*, 1997). Este aclamado filme, cuenta la historia de Will, un muchacho con el talento de un genio, pero que vive una vida sin compromisos ni grandes aspiraciones personales: trabaja en el servicio de limpieza del Instituto de Tecnología de Massachusetts (MIT) y pasa su tiempo libre con su pandilla de amigos, con los que tiene una variedad de aventuras y algunos conflictos juveniles.

Durante la trama, Will resuelve de forma anónima un complicado problema matemático que un profesor del MIT ha dejado a sus alumnos. El profesor, llamado Gerald Lambeau, logra descubrir que es Will el genio que lo ha resuelto, pero éste se encuentra encarcelado por una pelea callejera. El profesor logra evitar que se quede en la cárcel y le ofrece un trato para aprovechar su enorme potencial intelectual. El trato incluye estudiar matemáticas con él y ver a un psicólogo para recibir terapia. El muchacho acepta el trato, pero no toma en serio las sesiones de terapia, ni cumple con las expectativas del profesor.

Sin embargo, Lambeau acude a Sean Maguire, un antiguo amigo suyo que trabaja como profesor de psicología en un instituto público de educación superior, para que le ayude con el indomable Will. Al principio, las sesiones son infructuosas, por los diversos mecanismos de defensa que presenta Will al sabio profesor, pero éste logra progresivamente desarmar la coraza que el muchacho tiene para no revelar su vulnerabilidad y traumas personales.

En una conversación que ambos tienen en un parque, el profesor le muestra a Will un nuevo panorama que le ayudará a salir de su hermetismo y de su compleja manera de afrontar las relaciones interpersonales. Le confronta con la verdad, pero no se la impone, sino que le hace reflexionar de la mano de ideas sencillas, francas y profundas. Y le enfrenta a la realidad del amor y el dolor, desde su propia experiencia personal. Al final de la escena, le dice que ahora «la movida» está de su lado: «Tú mueves, jefe» (*Ibídem*).

La historia de este filme deja muchos aprendizajes acerca de la amistad, el potencial intelectual y la superación de traumas en la vida de una persona con talento. Pero sin duda, la riqueza de la película está centrada en el valor del diálogo sincero y transparente que se sirve de la verdad para generar confianza. «La mejor comunicación se da cuando las personas se sienten valoradas y seguras. Se acercan el uno al otro, tratando de comprenderse y compartir. No se trata solo de la lucidez de tus argumentos, sino del efecto que tus palabras tienen en los demás. No somos nosotros los que convencemos; es la Verdad» (Ivereigh y de la Cierva, 2016).

> La riqueza de la película está centrada en el valor del diálogo sincero y transparente que se sirve de la verdad para generar confianza.

Son discretos y prudentes en las conversaciones

Es verdad que un líder no es un terapeuta ni un psicólogo de profesión, aunque en algunos casos actúe como tales, sino una persona cuya discreción y prudencia le hace ser digno de confianza. Cuando pienso en un líder, pienso en los que saben ejercer influencia directa o indirecta en las personas que le rodean. Es decir, son referentes personales de los demás por sus conocimientos, experiencias y aprendizajes de vida, los cuales les han hecho ganarse la autoridad y el reconocimiento de hijos, colegas y subordinados.

Su presencia física, disponibilidad y actitud de escucha oportuna provocan una sensación de seguridad que inspira confianza en los demás. Porque también los silencios comunican capacidad de reflexión, fortaleza interior y empatía ante las inquietudes de sus interlocutores. Puesto que «quien no tiene el hábito de escuchar con atención, demuestra poco aprecio a los demás» (Martí García, 2004).

Es admirable el valor que tienen los gestos en el comportamiento de un líder, porque permiten conocerlo de cerca y apreciar su humanidad. Pero también en sus preguntas y en su manera de expresarse, se advierten su calidez y cercanía con el otro. No cabe duda de que las palabras reflejan esa interioridad del pensamiento y la sensibilidad ante la dignidad de las personas. Es muy cierto eso que «por la forma de hablar se conoce nuestra sensibilidad, la inteligencia, los rasgos predominantes del temperamento y carácter, el grado de sociabilidad, la capacidad de acogida y de liderazgo, la simpatía y la antipatía, la distinta instalación tomada ante la vida. Oyendo hablar se pueden aprender muchas cosas de los demás si ejercitamos inteligentemente la capacidad de análisis» (*Ibídem*).

Resulta más fiable aquel que ejercita la prudencia en sus comentarios y valoraciones personales sobre casos y cosas de otras personas, que quien solo vive de apariencias. «El prudente comienza por hacer un uso adecuado del poder que le es dado al hablar. La prudencia es siempre necesaria para no hacer daño a quien nos escucha» (*Ibídem*).

¡Qué lamentable espectáculo cuando la persona en la que hemos confiado resulta ser un difusor de críticas, prejuicios y opiniones infundadas! Y todavía más triste cuando no es capaz de mantener la discreción de un secreto personal que se le ha compartido, o peor aún, cuando sus comentarios se convierten en burlas hirientes y sarcásticas ante las carencias, caídas y errores que advierten en los demás. «La vista de lince que todos tenemos para el mal la consideramos a veces sentido del humor. En esta vida, la costumbre de emplear sarcasmo, unida al talento para analizar el carácter ajeno, puede ser el origen de muchas faltas de caridad» (Lovasik, 2015).

> ¡Qué lamentable espectáculo cuando
> la persona en la que hemos confiado
> resulta ser un difusor de críticas,
> prejuicios y opiniones infundadas!

Esta situación es muy grave, porque impide que los miembros de un equipo estrechen su relación con el que hace cabeza, y a la larga termina por destruir cualquier atisbo de confianza, unidad y lealtad con él. Tenemos una boca y dos oídos, «lo que indica una proporción de dos a uno, que debe valer también para el hablar y el escuchar. La lengua bien equilibrada siempre va más lenta que la cabeza. La persona que repite la mitad de lo que oye ya habla demasiado. Que este sea tu lema: "En privado, vigila tus pensamientos; en familia, tu carácter; y en compañía, tu lengua"» (*Ibídem*).

> «Que este sea tu lema: "En privado,
> vigila tus pensamientos; en familia, tu
> carácter; y en compañía, tu lengua"».

Es bueno insistir que un líder tiene el deber de estar atento para escuchar a quien le habla, ser discreto en sus conversaciones, siempre prudente en sus comentarios y evitar toda crítica destructiva que lesione o dañe la reputación de las personas. «Es una virtud respetar al ausente, pues está privado de la posibilidad de explicarse o defenderse» (*Ibídem*). En definitiva, ser un factor de cohesión y de firme apoyo para los demás, cuyo ejemplo de respeto a la dignidad y libertad de las personas, contribuya a forjar identidad de equipo. Este será el tema del que hablaremos en el próximo capítulo.

5. FORJAN IDENTIDAD DE EQUIPO

«Un hombre inteligente es aquel que sabe ser tan inteligente como para contratar gente más inteligente que él».

John F. Kennedy

Los grandes generales jamás pelean solos las batallas, sino que se acompañan de oficiales experimentados que se hacen fiar de sus líderes, se conocen y entienden bien entre sí, y saben guardar la disciplina de toda su tropa.

Soldados recios y valientes que conocen su oficio, por el que están dispuestos a sacrificarlo todo, porque tienen el reconocimiento de sus superiores, el apoyo de sus compañeros, la lealtad de sus subordinados y la suficiente fuerza de voluntad personal para encarar con valentía al adversario.

Me valgo de esta metáfora militar, porque los líderes inspiradores no se encuentran a la vuelta de la esquina. No se fabrican como churros, sino que son fruto de una serie de factores que hacen posible su surgimiento, notoriedad y permanencia en el tiempo.

Ciertamente, el líder del que hablo no es fruto del azar, alguien improvisado o salido de lo nada, sino más bien una persona con los suficientes galones de autoridad para infundir confianza por su saber y respeto por su trayectoria, pero especialmente, porque es alguien con las cualidades humanas suficientes para desempeñar su responsabilidad de forma extraordinaria. Esta personalidad virtuosa y firme determinación del que hace cabeza, contribuyen decisivamente a forjar el talento de un equipo.

¿Qué cualidades tiene un líder de este estilo para ser eficaz en su trabajo? ¿Cómo influye en los demás para hacerlos que compartan una misma identidad como miembros de un equipo?

Tiene una clara visión estratégica y conoce el potencial de su equipo

Los líderes más eficaces, son personas con una clara visión de lo que quieren lograr y con quién pueden lograrlo. Porque «proveer una visión e influir en otros es la tarea prototípica del líder» (Murcio, 2020). En este caso, una de sus claves de liderazgo es saber otear el horizonte que tiene ante sus ojos y los compañeros de viaje con los que puede recorrer cualquier itinerario.

Para eso, conocen el entorno en el que se encuentran, lo cual implica que manejan información oportuna, saben identificar los diversos escenarios posibles que pueden enfrentar, así como los riesgos que deben superar para salir avante de cualquier amenaza.

Pero más allá de tener una idea clara de lo que quieren y pueden hacer, saben identificar a las personas adecuadas para lograr junto a ellos el objetivo trazado en su estrategia. Naturalmente, podrán equivocarse algunas veces, pero procuran hallar formas de corregir el rumbo y hacer crecer a las personas con las que trabajan, infundiendo en ellas un enorme sentido de su propia dignidad y libertad. «Solo existe un único modo de dirigir, y éste debe respetar la naturaleza racional y libre de la persona» (*Ibídem*).

Resulta muy cierta esa idea que «la labor más ardua del líder es, quizá, la de persuadir de manera positiva a los colaboradores de la organización para que hagan suyo un proyecto común; que lleven a cabo las tareas necesarias para alcanzar la meta» (*Ibídem*). Porque compartir una visión, significa hacer partícipe a los demás de una perspectiva que solo es posible lograrla si todo el equipo la asume como propia.

Compartir una visión, significa hacer partícipe a los demás de una perspectiva que solo es posible lograrla si todo el equipo la asume como propia.

Centra su labor directiva en las personas

Esto significa que el líder considera la primacía de las personas sobre otras realidades, sean estas materiales o

intelectuales. Porque no dirige a cosas, sino a seres humanos. «Al poner de esta forma a las personas en el primer
lugar, se iluminan también las relaciones humanas en la
empresa, que han de ir mucho más allá de los estrictos
intercambios contractuales» (Echevarría, 2016).

Y el ser humano es una realidad rica en matices y posibilidades, pero también diverso en complejidades. «Está
compuesto de muchas dimensiones, casi todas ellas di-
námicas; está sumamente interrelacionado hacia fuera y
por dentro» (Polo y Llano, 1997). No es una máquina que
puede ser tratada por separado en cada una de sus partes.
«Una máquina es analizable, consta de muchas piezas que
funcionan en coordinación, pero también pueden funcionar unas y dejar de funcionar otras. Además, se construyen
y se despiezan» (*Ibídem*). El ser humano no funciona así.

> El ser humano es una realidad rica en
> matices y posibilidades, pero también
> diverso en complejidades.

Por lo tanto, en la medida que el líder asuma con claridad el sentido antropológico del ser humano, le podrá dar
a éste el lugar central en su labor directiva. De tal modo,
que al tomar en cuenta sus apreciables facultades personales de inteligencia y voluntad, así como su identidad
física, espiritual, racional y moral, podrá ayudarle a crecer
en conocimientos, carácter y virtudes.

Pues es muy cierto que «un directivo no debe estropear a los hombres que dirige» (*Ibídem*), sino que debe ayudarle a formar su capacidad para gobernarse a sí mismo, y con ello, hacer mejor su propio trabajo. En efecto, «la capacidad de dirigir, al menos el propio trabajo, es adueñarse de él» (Murcio, 2020).

Y esto supone «concebir la dirección como un servicio y como una actividad que arranca de un concepto del hombre» (Llano, 1996). Lo cual implica un ejercicio constante y tenaz que abarca a toda la persona y que le dota de atributos únicos que lo hacen el sujeto de la acción directiva. Porque, «el hombre es en último término la finalidad de la empresa. (…) La empresa es para el hombre y no el hombre para la empresa. Pero es además, en primer término, el motor de cuanto en ella puede hacerse» (Llano, 1968).

Sabe generar empatía y acertar en las prioridades

Una de las cualidades que más se aprecian de un líder inspirador es su capacidad para generar empatía con las personas que trabajan en su equipo. «Todos buscamos querer y ser queridos. Necesitamos el afecto de quienes entran a formar parte de nuestra vida» (Martí García, 2004). Y una figura así, por razón de su autoridad y jerarquía, influye en nuestra vida y su presencia forma parte de nuestra realidad habitual. Por esta razón, un líder empático es un privilegio y un gran regalo para quienes lo encuentran y lo tratan.

> Un líder empático es un privilegio y un gran regalo para quienes lo encuentran y lo tratan.

Porque pocas cosas hay más desagradables en esta vida que encontrarse con una persona prepotente, fría e indiferente ante quienes le rodean. «Por eso todo lo que sea dejarse de actitudes autosuficientes, prepotentes, avasalladoras, autoritarias, intransigentes, distanciadoras, excluyentes y descalificadoras, etc., supone un gran acierto, porque nadie es nadie para erigirse en criterio absoluto de verdad y despreciar e ignorar a los demás» (*Ibídem*).

Sin embargo, en ocasiones no es tanto indiferencia como falta de acierto en las prioridades. Posiblemente hayas leído o escuchado a Simon Sinek. Este conocido escritor y consultor de grandes corporaciones, cuenta en una conferencia acerca de este desenfoque que en ocasiones padecen los líderes y que tanto daño causa en la cultura de las organizaciones (Sinek, 2017).

En su conferencia, dice Sinek que los grandes líderes necesitan tener dos cosas en su trabajo: empatía y perspectiva. Y esto supone, cuidar a quienes están a su cargo y hacerse responsable de ellos, porque para esto fueron promovidos, no para hacer el trabajo que sus colaboradores hacen. Y el liderazgo, visto de este modo, es una habilidad que se puede practicar y perfeccionar en el tiempo.

A su modo de ver, los líderes no son responsables de su trabajo ni de los resultados, sino de las personas que hacen el trabajo y que logran los resultados. Como ejemplo, relata el caso de un barista de un hotel en Las Vegas que le cautivó y conectó con él como cliente. Al preguntarle si le gustaba su trabajo, éste contestó que lo amaba. A Sinek le interesó saber qué estaban haciendo en la empresa para que este estuviera tan motivado en lo que hacía.

> Los líderes no son responsables de su trabajo ni de los resultados, sino de las personas que hacen el trabajo y que logran los resultados.

La respuesta del barista fue categórica: «A lo largo del día todos mis gerentes pasan a preguntarme cómo me está yendo y si hay algo que necesite para hacer mejor mi trabajo. Entre semana, trabajo en otro hotel aquí en Las Vegas, pero ahí los gerentes se aseguran de que estemos haciendo bien nuestro trabajo, y nos señalan cuando hacemos algo mal. Cuando voy a trabajar ahí, procuro mantener mi cabeza bajo el radar a lo largo del día, para poder ganar mi paga. Pero aquí en el hotel que estamos, siento que puedo ser yo mismo» (*Ibidem*).

Por lo tanto, el problema no es la gente del equipo, es la falta de un liderazgo empático. Un liderazgo centrado en los resultados y en la tarea, no genera la empatía necesaria para motivar a las personas del equipo. La forma esencial de elevar y mantener el nivel de excelencia en una organización es generar el ambiente adecuado e interesarse por las personas, sus circunstancias personales y laborales, así como sus necesidades de superación profesional. Porque «al trabajar y convivir con otras personas, se comparten esfuerzos, alegrías, sinsabores. Y en esa convivencia se ponen en juego muchas virtudes que son un bien para el individuo, para la familia, para la empresa, para la sociedad» (Echevarría, 2016).

> El problema no es la gente del equipo,
> es la falta de un liderazgo empático.

En definitiva, interesarse en la persona humana, no solo en los resultados que aporta. Gracias a esta capacidad de empatía, los mejores líderes logran alentar la actitud de iniciativa, la motivación necesaria y la disposición de servicio, que permite reunir a los mejores elementos en los equipos de trabajo.

Se rodea de gente mejor que él para hacer equipo

Decíamos al inicio de este capítulo que los grandes generales no van solos a la guerra, porque cuentan con el apoyo de sus oficiales que tienen las competencias necesarias para dirigir con autoridad a su tropa.

Igual podemos decir de los grandes directivos o empresarios que tienen a su cargo la responsabilidad de dirigir en sus organizaciones o empresas a cualquier comunidad humana. No se presentan solos a ninguna batalla, sino que disponen de un equipo de gerentes bien preparados que saben tomar sus posiciones y ejecutar la estrategia.

Es verdad que hay líderes cuya personalidad está dispuesta hacia sí mismos, por lo que su actuar gira en conseguir únicamente lo suyo, excluyendo a los demás de reconocimiento o mérito alguno. Nadie duda de su eficacia laboral y de su empeño por lograr grandes cosas, pero todo lo hace para su brillo personal. Los ejemplos de este tipo son abundantes, pero lamentablemente su estilo de liderazgo no deja una huella positiva en las organizaciones. De hecho, aunque algunas veces estos directivos logren resultados sorprendentes en cortos períodos de tiempo, su legado suele terminar al concluir su mandato o poco tiempo después de haberlo dejado.

Pero el que nos interesa en este libro, actúa totalmente a la inversa de ese otro. Su personalidad está dispuesta hacia los demás, porque su acción directiva tiene como eje central hacer crecer a las personas que están bajo su cargo. Por supuesto que quiere lograr grandes cosas en el plano personal, pero su objetivo o aspiración no está centrada solo en él, sino en quienes, junto a él, deben alcanzar la meta. Por tanto, no se afana por sobresalir o destacar por sí solo, sino que se ocupa de potenciar a los miembros de su equipo como parte de su principal prioridad.

En otras palabras, no está interesado en demostrar qué es capaz de hacer o de saber todo por su cuenta, como es el caso del otro directivo que hablábamos antes, sino que en la búsqueda del logro compartido, se pregunta interiormente quién o quiénes de su equipo pueden hacer la tarea encomendada mejor que él.

A pesar de su reconocida competencia profesional y méritos personales, él sabe que la suma de las capacidades de los demás es superior a sus talentos particulares. Todo lo cual, lo convierte en un promotor de talentos y en forjador de unidad en los equipos que dirige. Por lo que su labor directiva tiene un doble componente: sabe integrar en su equipo a las personas más competentes para complementar las fortalezas que él adolece y, de igual modo, suple las carencias de los demás con la debida formación, su sentido de misión y oportuno don de mando. «El carácter de una persona aparece claramente reflejado en el ejercicio de su autoridad» (Lovasik, 2015).

A pesar de su reconocida competencia profesional y méritos personales, él sabe que la suma de las capacidades de los demás es superior a sus talentos particulares.

En resumen, el primero busca la eficiencia y los resultados en el corto plazo, porque su esfuerzo está cifrado en demostrar que él tiene la capacidad personal para lograrlo. Sin embargo, «es señal de debilidad de carácter ejercer la autoridad con ánimo de enaltecerte a ti mismo jactanciosamente, aludiendo con frecuencia a tu autoridad e insistiendo sin motivo en el respeto que se te debe» (*Ibídem*).

Por el contrario, el que inspira y cautiva a los demás, busca la cooperación eficaz y la consistencia de los buenos resultados en el largo plazo, porque tiene claro que el fruto del trabajo será significativamente mejor por tener en su equipo a los mejores elementos para lograrlo. «No puedes evitar tu grandeza o tu pequeñez, tu egoísmo o tu consideración, en la manera de tratar a quienes te están sujetos, tanto si eres padre o madre de familia, como el jefe de una empresa, un hombre de buena posición social, un superior o un alto cargo en alguna institución» (*Ibídem*).

Resulta muy cierta esa frase que dijo el presidente Kennedy: «Un hombre inteligente es aquel que sabe ser tan inteligente como para contratar gente más inteligente que él». El tema crucial es identificar cuáles son los atributos necesarios para incorporar a los mejores a un equipo de trabajo.

Pienso que además de sus virtudes y demás facultades personales, hay tres aspectos que destacan en un excelente integrante de un equipo: conocimiento, capacidad y compromiso. En otras palabras, búsqueda de preparación constante, afán de adquirir la oportuna experiencia y una decidida actitud hacia la misión encomendada.

Tienen mucho mérito aquellos cuyo olfato directivo les permita sumar a las personas adecuadas para integrar un equipo. Además, cuentan con un don para poder concentrarse en las personas sin perder de vista la estrategia. Para ello, han tenido que remover antes a las personas inadecuadas, que no suman al equipo; luego ponen a la gente idónea en los cargos adecuados; y después, fijan la dirección que tomarán como un equipo unido. Además de sabios estrategas y oportunos mentores, estos líderes son forjadores de sinergia y efectividad ejecutiva en sus equipos.

> Tienen mucho mérito aquellos cuyo olfato directivo les permita sumar a las personas adecuadas para integrar un equipo.

Fomenta la sinergia en sus equipos

La sinergia, según el Diccionario de la Real Academia Española (en adelante, DRAE), es la «acción de dos o más causas cuyo efecto es superior a la suma de los efectos individuales», pero también la define como el «concurso activo y concertado de varios órganos para realizar una función» (DRAE, voz sinergia). Me parece que ambas definiciones encajan con gran precisión en el tema que venimos desarrollando, pues es muy cierto que la eficacia de los equipos está cifrada en la capacidad que tienen sus miembros de combinar sus ideas, esfuerzos y talentos, en beneficio de un proyecto o tarea común. Porque la sinergia no es uniformidad de ideas o mentalidad única, sino más bien alineación de personas, facultades y recursos. En definitiva, es un «concurso activo y concertado» de fines y medios.

> La eficacia de los equipos está cifrada en la capacidad que tienen sus miembros de combinar sus ideas, esfuerzos y talentos, en beneficio de un proyecto o tarea común.

Tiene mucho significado en este contexto esa frase que pronunció en pleno siglo XVIII el político irlandés Edmund Burke: «Ningún grupo puede actuar con eficiencia si le falta el concierto; ningún grupo puede actuar en concierto si falta la confianza; ningún grupo puede actuar con confianza si no se halla ligado por opiniones comunes, afectos comunes e intereses comunes» (Brown, 1970).

Al respecto, me permito proponer algunas ideas para fomentar la sinergia en un equipo de trabajo:

1. **Crear identidad de equipo.** Forjar un equipo jamás es tarea fácil. De hecho, lograrlo puede ser tarea de años o fruto de perfilar su rumbo con aciertos y desaciertos. Sin embargo, una vez se

reúnen los miembros que mejor suman juntos, es el momento de dotar a este equipo con una personalidad propia que marque su rumbo y destino. Lo primero, un nombre propio o marca concreta, pero de gran simbolismo, que les identifique y les represente. Luego, un lema, eslogan o frase de batalla que les dé sentido de pertenencia. Y por supuesto, un atributo diferenciador que en pocas palabras defina su espíritu de trabajo y defina su sentido de misión.

Los que mejor lo saben hacer son los equipos deportivos o grandes selecciones nacionales. Un ejemplo de identidad de equipo son los *All Black*, el equipo nacional de Rugby de Nueva Zelanda, que antes de cada partido ejecuta su famosa *Haka*, que consiste en una danza sincronizada que combina movimientos, gestos y voces de forma vigorosa (Cfr. voz *Haka*, Wikipedia). Su sonora ejecución evoca el canto de unos guerreros antes de entrar en combate, lo cual les da una motivación extra a los jugadores y, ciertamente, es un factor de intimidación para sus oponentes. Se puede decir que es una marca de identidad de la unidad, bravura y determinación de los *All Black*.

2. **Promover objetivos comunes.** Resulta de mayor eficacia promover un esfuerzo de unidad colectiva hacia un proyecto común de gran entidad, que la búsqueda de objetivos individuales que solo

aportan resultados parciales a la causa general. Unir esfuerzos es un acto de gran humildad y capacidad de encuentro, que consiste en coincidir en lo esencial, ceder en lo opinable y estar abiertos a flexibilizar las aspiraciones particulares de triunfo en honor del éxito compartido. Es función del liderazgo conseguir que los colaboradores de un equipo hagan suyo un proyecto común y lleven a cabo las tareas necesarias para alcanzar la meta (Cfr. Llano, 2004).

El desafío es mayúsculo, porque la naturaleza herida del ser humano tiende en ocasiones a asumir actitudes egoístas y a limitar su horizonte en sí mismo. «Dan pena esas personas no instruidas que se otorgan a sí mismas el don de la ciencia y condenan lo que desconocen, con una seguridad solo igualable a su ignorancia, y que hace terriblemente cansado a quien las escucha arrojarles luz sobre su inteligencia» (Martí-García, 2004).

3. **Aprender a sacar la mejor versión de los demás.** Esto va más allá de tener la capacidad de identificar los talentos ocultos de las personas, sino que más bien consiste en ayudarles a descubrir sus propias potencialidades, que eleven su nivel de confianza y les permita aportarlas al equipo.

Tengo la impresión de que en muchas ocasiones lo que impide reafirmar nuestra identidad son los diversos prejuicios, limitaciones y miedos que frenan la capacidad de lograr nuestras metas. «No tengas miedo a cuestionar aquello que te limite, porque quizá así mejores tu capacidad de percibir la realidad y puedas enfocarte en Tu Mejor Versión» (Rojas Estapé, 2018).

El proceso para alcanzar la mejor versión de sí mismo está centrado en un trabajo constante, en el que cada uno pone cabeza, voluntad, sentido del humor y entusiasmo. «Esto, lógicamente, no se aprende en un libro, se aprende viviendo, disfrutando, sintiendo y paladeando la vida, pero sobre todo cayéndote y volviendo a levantar. Tu eres el resultado de tus decisiones» (*Ibídem*).

4. **Saber sumar propósitos, afinidades y talentos.** El ejercicio de trabajar en equipo consiste en integrar lo mejor de las personas, es decir, las claves que hacen posible la unidad de todos los componentes. El líder tiene el don de apreciar los fines, semejanzas y destrezas que forman parte de los atributos de los integrantes de su equipo, y fomenta el espíritu de cooperación. Pero además de todo ello, hay una base común de virtudes y valores que comparten y les hace afines. Ese conjunto de «hábitos operativos buenos» que son las virtudes, es el núcleo que les mantiene cohesionados y que les inspira a confiar entre sí.

5. **Celebrar logros y superar fracasos como equipo.** Es usual que nos guste más celebrar las vic-

torias que recordar las derrotas. Sin embargo, es bien sabido que estas últimas son maestras de vida, que nos enseñan lecciones por la vía dura y nos permiten sacar propósitos claros de nuestros errores más sonados. ¡Cuántos casos de grandes atletas y selecciones deportivas que han tomado nota de sus carencias después de exponerse a grandes competidores, a quienes luego lograron vencer!

Sucede de forma similar en todo equipo de trabajo, que en el ejercicio ordinario de su convivencia laboral, académica o profesional, comparten las mieles del triunfo, pero también las lágrimas de las derrotas. No hay que darse por vencidos. Se pueden perder batallas, pero siempre hay margen para ganar la contienda. No hay que desfallecer, porque lo mejor siempre está por venir. La clave está en tener espíritu deportivo y compartir la actitud de «unos por otros y Dios por todos» como bien reza este atinado proverbio. Don y tarea, gracia interior y esfuerzo humano por levantarnos con decisión después de cada caída.

Es verdad que en la celebración de los logros todo es sonrisas y satisfacciones compartidas, pero en los fracasos resulta habitual que se busquen culpables y explicaciones particulares. Incluso hay quienes los atribuyen a la mala suerte y a diversos factores externos. Pienso que este comportamiento no es la mejor respuesta a las contrariedades, porque asumir un desafío como equipo es un ejercicio compartido. Es de sabios ser humildes y magnánimos cuando se triunfa y, especialmente, cuando las cosas salen mal. Solo así, un equipo puede ser objetivo en el análisis, disciplinado en el esfuerzo y modesto en el discurso. «Cuando se combina una cultura de disciplina con una ética de emprendimiento, se obtiene la alquimia mágica del desempeño excepcional» (Collins, 2005).

6. **Promover actividades de integración.** En los tiempos que corren, es cada vez más frecuente ver cómo la productividad personal, el rendimiento máximo posible de los equipos y la eficacia de los resultados se impone con fuerza en las rutinas profesionales de miles de personas y organizaciones a nivel mundial. Gracias a las tecnologías de información y comunicación, el ser humano contemporáneo es capaz de estar conectado de forma virtual con personas en distintas partes del planeta y a toda hora. Las conexiones han facilitado la interacción por diversas plataformas digitales y permiten consumir una vasta cantidad de contenidos en Internet. Es la era de las redes sociales y de los grandes medios de pago por suscripción. Sin embargo, este consumo masivo en los medios digitales, sumado al cambio de hábitos sociales que supuso la pandemia, ha limitado considera-

blemente el encuentro personal y las actividades de integración social.

Por eso, es necesario volver gradualmente a las actividades de siempre, que permiten la interacción física y el diálogo cara a cara entre las personas. El ser humano es sociable por naturaleza y pienso que no le hace bien mantener rutinas que lo aíslan físicamente de los demás y de la realidad social en la que vive, por muy eficaz y anónima que sea la vida virtual. Es enfermizo vivir en un mundo impersonal y de dos dimensiones. De hecho, las grandes enfermedades de este siglo son la ansiedad, la depresión y otros padecimientos mentales. «Los seres humanos estamos hechos para el encuentro, para compartir, para querernos y cuando esto no se produce sobreviene irremediablemente la autodestrucción» (Martí García, 2004).

Los que hacen cabeza tienen el enorme deber de mostrar el rostro amable del encuentro personal con otros y darnos ejemplo de cómo alternar el deber con el placer. De tal modo que prevalezca un espacio para el mundo del trabajo, pero en el que haya también espacio para compartir como equipo. Salir de la rutina, desconectar los ordenadores y poner en modo avión los dispositivos, para compartir un aniversario como equipo, un pastel por el cumpleaños de alguno de los miembros o de varios, o un brindis por las grandes ocasiones que se viven a lo largo del año. Y más allá de las celebraciones, la excusa de estas actividades de integración puede ser un torneo deportivo o un concurso de *karaoke* entre los miembros del equipo o, también, una trivia cultural en un ambiente de esparcimiento y camaradería. La idea es pasarla bien, dejar fuera el aburrimiento y el corazón frío, y aprender a conocer al otro en un ámbito que permita el encuentro amable y cercano.

7. **Construir historias de éxitos compartidos.** Por todo lo dicho hasta ahora y por la importancia de la huella profunda que un líder inspirador deja grabada en un equipo, resulta esencial construir historias de éxitos compartidos. Estas historias son los triunfos logrados a base de esa sinergia colectiva que contribuyó a superar obstáculos, crisis y equivocaciones en la labor diaria. Es el ejemplo vivido de caer y levantarse, comenzar y recomenzar, acertar en la ruta después de haber errado el rumbo. Son los pequeños y grandes hitos que ayudan a configurar el ADN de toda organización humana.

Los frutos de este ejercicio le permitirán disponer de un pozo de motivación y fuerza de voluntad para acometer cualquier amenaza o desafío que el equipo deba enfrentar. En algunas ocasiones, hay empresas que incluso escriben estas hazañas del equipo en forma de anecdotarios y relatos contados con una narrativa épica. Porque como decía Mark Twain: «Ser valiente no es no tener miedos, sino enfrentarse a ellos».

Ciertamente, el gran trabajo de comunicación del líder también pasa por reflejar las virtudes heroicas de quienes forman parte de su equipo, lo cual tiene un impacto poderoso en el ambiente interno y en la confianza de emprender juntos cualquier hazaña que se presente.

> El gran trabajo de comunicación del líder también pasa por reflejar las virtudes heroicas de quienes forman parte de su equipo.

6. Conectan con las personas e inspiran confianza

«Llega a ser el que eres»
Píndaro

Hace unos años escuché en una conferencia de un gran comunicador, que los líderes más exitosos son aquellos cuyo don de gentes les permite inspirar confianza en las personas que les rodean y generar buen ambiente en cualquier lugar donde se encuentren.

Alguien así, tiene un efecto decisivo en las personas que dirige, pues consigue en muy poco tiempo conectar con ellas y conectarlas entre sí. Es como un magneto de gran alcance, cuya fuerza de atracción es capaz de acercar todo aquello que está en su rango de acción.

Se podría pensar que este don es fruto de una singularidad muy especial que lo hace único y diferente en comparación de cualquier otra persona. Pienso que no es solo gracias a un atributo particular o una cualidad especial, sino a una combinación de factores que lo convierten en un referente fiable y cercano, que lo hace ser quien es.

Su riqueza va más allá de aspectos eminentemente racionales o intelectuales, o incluso de especiales habilidades, destrezas o competencias técnicas, que desde luego suman en su perfil directivo y en su credibilidad personal. En realidad, su principal atractivo radica en la gran capacidad que tiene para conectar con las emociones de las personas que trata.

Se le puede llamar carisma, empatía, presencia o cualquier término parecido, pero sin duda alguna es una cualidad extraordinaria que cautiva y suscita una rápida conexión humana con los demás, que sienta sus bases en el interior de las personas y es capaz de abrir las puertas de la confianza. Las personas con carisma, «construyen y mantienen relaciones, influyen positivamente en quienes tienen cerca y, en definitiva, son las personas con quienes queremos estar» (Pérez-Latre, 2020).

De hecho, gracias a su actitud abierta, cálida y cercana, primero se ganan el corazón de la gente y luego, por la luminosidad de sus ideas, se ganan también la atención expectante de sus oyentes. «Sólo la palabra auténtica, entrañablemente humana, es capaz de acortar distancias y producir el milagro del encuentro» (Martí García, 2004).

Porque las relaciones personales que tienen el sello del afecto sincero tienden a ser de gran vocación expansiva. Son como las alas de un ave majestuosa que se extienden de par en par para alzar vuelo y surcar los aires. No se repliegan ni se encierran, sino que se expanden en cielo abierto. Y el afecto de un líder inspirador, es un bien difusivo que consigue llegar lejos gracias a la fuerza de sus gestos. «Por eso cualquier posicionamiento en la vida que no dé prioridad a unas relaciones sociales presididas por el afecto, es por lo menos adoptar una actitud artificial y equivocada» (*Ibídem*).

> Las relaciones personales que tienen
> el sello del afecto sincero tienden a
> ser de gran vocación expansiva.

Aprender a conectar con las personas

Si los gestos sinceros abren puertas e inspiran confianza, conectar con las personas significa en primer lugar estar en la misma sintonía visual, verbal y gestual de ellas. Lo cual pasa por estar atento a lo que comunican sus ojos, palabras y expresiones corporales. Y esto no siempre es automático o fácil de conseguir, porque lo habitual es que cada uno tenga muchas cosas en la cabeza y diversas tareas que cumplir en cada momento, que resulte difícil desconectar de los pendientes y poder conectar plenamente con nuestro interlocutor. Este primer contacto es un punto de partida decisivo para entablar un diálogo genuino y cercano.

El siguiente nivel de esta conexión es en el entendimiento mutuo de los temas que se abordan en la conversación. Ahora no solo están en la misma sintonía de los sentidos externos, sino que hay una comprensión instintiva de lo que se percibe en los mecanismos de expresión personal de cada uno. En este punto se aprecia de mejor forma lo que comunican las actitudes, los silencios y la reiteración de ciertos gestos durante la conversación. Porque como sabiamente apunta el zorro en *El Principito*: «Sólo se ve bien con el corazón. Lo esencial es invisible para los ojos» (de Saint-Exupéry, 2014).

> «Sólo se ve bien con el corazón. Lo esencial es invisible para los ojos».

A partir de aquí, la conversación navega por cauces de entendimiento mutuo que hacen muy cercana la interacción. Y, como decíamos al inicio de este capítulo, más allá de los conocimientos, talentos técnicos y competencias profesionales que se le suponen al líder, la capacidad de conectar con las personas es un don de relacionamiento humano que hace la diferencia en los equipos u organizaciones que éste dirige.

Al respecto, recuerdo unas ideas que le escuché decir en una conferencia al célebre escritor y conferencista, John Maxwell, autor de más de 80 libros, varios de ellos centrados en el liderazgo. Decía este reconocido autor de *best sellers*, que hay tres preguntas que un buen líder debe saber contestar afirmativamente a sus colaboradores, para ser considerado como alguien cercano, relevante y digno de confianza:

1. **¿Te importo?** Esta pregunta es la puerta de entrada para confirmar que al líder le importa la persona que tiene enfrente. Es decir, que la toma en serio, la aprecia y valora con sus atributos particulares que la definen y la hacen ser quien es. Es una pregunta decisiva, porque tiene que ver con la debida atención que esa persona espera recibir de parte de su líder y del bien que puede producir esa favorable actitud. En ocasiones, no precisa de una respuesta verbal, sino de un comportamiento asociado al carácter virtuoso del líder. «La costumbre de interpretar favorablemente la conducta de los demás es una de las cualidades más excelentes del amor, pero la caridad suprema se manifiesta haciendo el bien a los demás» (Lovasik, 2015).

2. **¿Puedo confiar en ti?** Una vez que la persona se sabe atendida y tomada en serio por el líder, esta demuestra una disposición a confiar y abrirle su corazón, para buscar su apoyo y encontrar un aliado que le ayude en sus inquietudes y dificultades. Es una cuestión esencial para poder abordar temas sensibles de índole muy personal, que esta persona no sería capaz de hablar con nadie más, a no ser que fuera con un amigo de extrema confianza. «La mutua confianza es una de las manifestaciones más sublimes de la caridad. Si la primera cualidad principal de ese entendimiento mutuo, la cualidad principal de ese entendimiento

es la confianza de unos en otros, porque la caridad se niega a pensar mal» (*Ibídem*).

Pero la confianza no es un cheque en blanco que uno entrega a cualquiera que se cruza en el camino, sino a aquella persona que la merece y que es capaz de preservarla en toda circunstancia. Pues como bien dice Lovasik: «Todo el mundo tiene derecho a la fama, pero ¡qué débiles son los guardianes de nuestra reputación! Un desliz de la lengua puede hacer un daño que dura de por vida. Ni el arrepentimiento más amargo es capaz de reparar el mal una vez hecho».

3. **¿Puedes ayudarme?** La cual constituye la inquietud fundamental de un encuentro basado en la confianza mutua. Porque una vez se desahogan los problemas, agobios y conflictos, el desenlace esencial de este proceso tiene como propósito encontrar en el líder la ayuda necesaria para resolverlos. No cabe duda de que su responsabilidad es grande y requiere mucha sabiduría para afrontar con lucidez los grandes o pequeños incidentes de la vida. «Posees la auténtica sabiduría si practicas la caridad. La sabiduría perfecta es más que palabras: es acción y es vida. El calor del corazón se convierte casi espontáneamente en luz y guía para la mente» (*Ibídem*).

Es posible que el líder no tenga todas las respuestas y soluciones a las cuestiones que le relaten y consulten sus colaboradores. Sin embargo, el mero gesto de escuchar con atención las adversidades e inquietudes de los demás, es ya un primer paso en firme en la solución de ellas y, desde luego, es un bálsamo que contribuye a aliviar las heridas y suavizar el dolor.

Acostumbran a hacer consultas y pedir consejos

La clave de un líder que inspira confianza no consiste en saberlo todo o acertar siempre con soluciones precisas para los diversos problemas que se le presentan. Pienso que los directivos sabihondos terminan siendo poco fiables, pues siempre quieren dar la impresión de ser muy inteligentes y capaces. Pareciera que no tienen defectos, carencias o flancos vulnerables. Con esta actitud, demuestran un complejo de suficiencia que les resta humanidad y frescura, pues lo propio de un líder humilde, asertivo y prudente es conocer sus limitaciones a pesar de sus grandes potencialidades.

En efecto, aquel que practica la prudencia acierta regularmente con las decisiones que toma, porque si no tiene las ideas claras para orientar a otros por el camino correcto, se apoya en quienes lo han recorrido previamente para tener un marco real de referencia y proponer la mejor ruta de acción. Se sube a hombros de gigantes para tener un mejor panorama y ver más allá de sus propias limitaciones.

Esta virtud dota al líder asertivo de un aura de sabiduría que se refleja en su manera habitual de conducirse. Resulta atractivo aquel que es capaz de mostrar su sensatez, serenidad y autoridad en momentos de prueba, pero todavía mejor si es humilde para aceptar la ayuda de otros y mostrar un espíritu sencillo y modesto en cualquier situación.

«La firmeza de carácter de quien tiene autoridad significa reconocer las propias carencias. Consultarás a otros y buscarás consejo; pedirás ayuda y delegarás voluntariamente en los demás» (Lovasik, 2015). Porque no hay nada más grave para una familia, institución o sociedad, que tener un jefe impulsivo, arrogante y autosuficiente, que solo piensa en su imagen y en su bienestar particular.

> «La firmeza de carácter de quien tiene autoridad significa reconocer las propias carencias».

Ciertamente, quien demuestra sencillez, lealtad y autenticidad en su trato directo con las personas, se gana el afecto y la confianza de ellas en forma rápida y segura. No me equivoco si digo que hay muchos relatos de este tipo en la convivencia habitual de las familias, organizaciones y empresas, que hacen honor de un liderazgo que sabe tomar nota de la sabiduría, experiencia y carácter de otras personas, para aprender y mirar más allá de las propias ideas.

En la historia, hay ejemplos conocidos de este perfil de liderazgo. Un ejemplo clásico es el de Alejandro Magno, que supo aprender bien de la enseñanza de su maestro Aristóteles, quien durante sus años como tutor le enseñó de filosofía, política, retórica, arte y cultura, y una diversidad de disciplinas que forjaron el conocimiento de este gran conquistador macedonio.

También en el cine, hay casos de líderes que saben pedir ayuda para aclarar las dudas y dificultades que se les presentan de forma simultánea en su labor directiva y en su vida personal.

Una película que aborda de manera muy acertada esta actitud es *El becario* o *Pasante de Moda* (*The Intern*, 2015). El filme cuenta la historia de Jules Ostin, una joven empresaria con un exitoso negocio dedicado al comercio de ropa por Internet, y Ben Whittaker, un hombre viudo y jubilado que en su búsqueda de mantenerse ocupado, consigue una pasantía para personas de la tercera edad en la empresa de Jules.

Al principio, la relación entre ambos personajes no es cercana ni fluida, pero a medida que pasan los días la relación de la joven fundadora con el pasante se fortalece y se aprenden a tratar con respeto, afecto y confianza mutua. La agenda de trabajo de Jules es intensa y extenuante, pero a pesar de experimentar satisfacciones y alegrías, no está exenta de fuertes contrariedades. Aunque es exitosa en lo que hace y su visión del negocio impregna a toda la empresa, se enfrenta a la incertidumbre de tomar una decisión crucial que marcará el rumbo en su vida familiar y profesional.

Aquí es donde el conocimiento de la vida, la trayectoria laboral y la integridad de principios de este hombre jubilado se vuelven aspectos relevantes y oportunos para esta joven emprendedora. Al llegar al nudo de la trama, estas cualidades de Ben, ahora convertido en asistente personal de Jules, le aportan sabiduría, prudencia y estabilidad en momentos de gran conflicto interior para ella.

Aunque ambos protagonistas pertenecen a distintas generaciones, conectan de forma especial a partir de unas actitudes, gestos y palabras que traslucen confianza, sinceridad y verdadero afecto. Considero que un mensaje valioso de esta película tiene que ver con la importancia de apreciar las cualidades de esas personas sabias y experimentadas que en ocasiones se cruzan decisivamente en nuestra vida. Porque en la medida que sabemos cultivar su amistad y cercanía, pueden convertirse en los grandes mentores de los líderes de hoy y del mañana.

Desde luego, esta disposición de consultar y pedir consejo a las personas adecuadas requiere un acto de humildad y grandeza de ánimo de parte del líder, para saber rendir su propio juicio, superar sus limitaciones y apoyarse en el conocimiento de los que más saben. A partir de esa docilidad para escuchar con intención de aprender y ver otras perspectivas, estará en la capacidad de dar pasos en la dirección correcta y acertar cada vez que se enfrente a una nueva decisión o dilema.

> Esta disposición de consultar y pedir consejo
> a las personas adecuadas requiere un acto de
> humildad y grandeza de ánimo de parte del líder.

Ciertamente, quienes saben tomar buenas decisiones no han llegado hasta ahí por casualidad o por golpe de suerte, sino más bien a través de un proceso de aprendizaje atento, continuo y esmerado. Aprender a decidir es fruto de un arte que se perfecciona con la práctica reiterada, la cual va anexa a las responsabilidades propias del que gobierna y cobra vida con la comunicación efectiva, así como de su oportuna ejecución.

En el capítulo final de este libro nos centraremos en este interesante tema.

7. Dominan el arte de tomar decisiones y saben cómo comunicarlas

«El hombre inteligente no es el que tiene muchas ideas, sino el que sabe sacar provecho de las pocas que tiene».

Anónimo

Antes de escribir este libro, me preguntaba qué atributo esencial es el que retrata de mejor modo el carácter y legado de un líder. Pienso que la respuesta es clara: el verdadero líder domina el arte de tomar decisiones y sabe cómo comunicarlas. ¡Casi nada!

Al margen del tiempo que le ocupa preparar y asistir a reuniones o compromisos de trabajo, considero que una importante porción de su labor diaria lo dedica a tomar decisiones y a encontrar la mejor forma de hacerlas saber a los demás. Su eficacia directiva radica de modo especial en aprovechar los medios adecuados para acertar en ese proceso.

El itinerario que hemos seguido hasta aquí tiene que ver con una serie de acciones concretas que este realiza para inspirar confianza, sumar talentos y trabajar en equipo con sentido de misión. Todo ello, de cara a ese momento tan relevante en el que pone en juego sus conocimientos y cualidades, para asumir los riesgos que cada decisión conlleva.

No es un esfuerzo baladí o superficial, porque su propósito no es lograr cosas de cualquier manera o a través de golpes de suerte, sino más bien buscar la excelencia en sus proyectos y acciones que lleva a cabo. No lo hace como un capricho de su vanidad o para imponerse a quien se le ponga enfrente, sino para trascender y dejar una huella que perdure en el tiempo.

En realidad, el arte de decidir implica una suma de pasos y elecciones que requieren mucha sabiduría, preparación y acierto. Es como el espectáculo que el mago pone ante nuestros ojos: todos vemos salir el conejo por el sombrero, pero pocos saben todo el trabajo previo que tuvo que realizar para que su ejecución fuera un éxito. Igual le sucede al líder: nos enteramos de su decisión, pero a muchos les resulta un misterio identificar los elementos que consideró en su análisis y reflexión, para arribar a su conclusión.

> El arte de decidir implica una suma de pasos y elecciones que requieren mucha sabiduría, preparación y acierto.

Para dar en el clavo y no improvisar la decisión, se apoya en antecedentes y en el contexto de la cuestión a considerar, así como en información actual que le aporte datos claros del tema. Pero llegado el momento, debe asumir el rol que le corresponde, por lo que no puede darse el lujo de delegar esta responsabilidad en terceros o valerse de excusas o «razonadas sinrazones» para posponerla en aras de evitarse los riesgos asociados. Asimismo, debe decidir de forma ágil y efectiva, sopesando a fondo lo que está en juego. Todo ello, sin descuidar la atención en los detalles y procurando alcanzar el mayor bien posible con su elección. No todos tienen este don de decidir con acierto y sobre la base de prioridades claras.

Competencias profesionales, capacidad de decisión y ámbito de influencia

Por ese motivo, es cada vez más usual que entre los criterios de selección de un ejecutivo para un puesto directivo, figuren tres claves básicas para elegir al más idóneo:

1. Competencias profesionales

En principio, este conjunto de cualidades, destrezas y habilidades representa alrededor del sesenta por ciento de los criterios de elección de un líder. Se pueden dividir en competencias funcionales y asertivas. Para entender su complementariedad, conviene situarlas en un plano cartesiano, en cuyo eje vertical están las funcionales, y en el eje horizontal están las asertivas o relacionales. Unas y otras se integran en el entramado de acciones y rutinas profesionales de los ejecutivos y directivos.

Se puede decir que las funcionales son todas aquellas competencias que facilitan su desempeño técnico y profesional, entre las que figuran las cualidades cognoscitivas y manuales que le ayudan a configurar su habilidad operativa diaria. Mientras que las asertivas, como lo hemos comentado en el capítulo dos, son todas aquellas habilidades de interacción social que sirven para relacionarse de forma honesta, congruente y equilibrada con los públicos que una persona se relaciona.

En este sentido, como bien dice Küppers, el conocimiento y la experiencia suman, pero la actitud personal multiplica. «Y la actitud no se reduce a ser positivo, también consiste en ser una persona luchadora, trabajadora y, sobre todo, buena» (Fita, 2018).

A mi modo de ver, la fórmula ganadora consiste en tener una sabiduría humilde multiplicada con una actitud magnánima. Es decir, poseer verdadera virtud para conocer y un corazón grande para amar. «La *vida es maestra* en la medida que escuchamos sus lecciones, y con frecuencia tenemos tan poco tiempo para hacerlo, que lejos de enseñarnos nos lleva simplemente hacia delante, a veces sin entender muy bien para qué» (Martí García, 2004).

La fórmula ganadora consiste en tener una sabiduría humilde multiplicada con una actitud magnánima.

2. *Capacidad de decisión*

La segunda clave para seleccionar a los mejores directivos y que equivale a un treinta por ciento de su elección, tiene que ver con su capacidad de decidir, la cual cobra brillo de su experiencia previa en esta materia y de su eficacia para hacerlo bien. Esto no significa que nunca se equivoquen o que siempre acierten con la mejor opción. Esto no existe. Las personas suelen aprender de sus errores y, por tanto, quien mejor sabe acertar es aquella que ha recorrido antes el mismo camino y ha advertido con claridad sus carencias, descuidos y errores.

Ciertamente, es muy cierto eso que se dice que «por sus frutos los conoceréis», pues los resultados históricos de un directivo son su principal carta de presentación a la hora de resumir su trayectoria profesional. Sin embargo, aunque los resultados siempre son una fotografía del pasado que ayuda a demostrar su experiencia y triunfos obtenidos, no cabe duda de que cada nueva situación que éste enfrenta se convierte en un nuevo reto que debe superar con lucidez, seguridad y decisión.

Sin embargo, a pesar de sus logros previos, la incertidumbre de enfrentarse a lo desconocido es a menudo un factor de inquietud e inseguridad. No hay un paracaídas que evite esta sensación de caída libre al vacío cuando se enfrenta a los riesgos de una nueva decisión. Por este motivo, el líder no escapa de ese temor reverencial a equivocarse, lo cual en ocasiones le lleva a prolongar el tiempo de la decisión y a considerar opciones para no cometer errores. «Hay personas que por no equivocarse no hacen nada en la vida» (*Ibídem*).

La incertidumbre de enfrentarse a lo desconocido es a menudo un factor de inquietud e inseguridad.

Pero su rol es tomar la iniciativa y asumir los riesgos que implica este trabajo, por lo cual debe hacer todo lo que esté a su alcance para evitar alguna de estas cuatro tentaciones que se le pueden presentar al momento de tomar una decisión:

a. **Ser presa del temor a equivocarse**. Es propio del ser humano tener miedo ante lo desconocido, incontrolado y adverso. Está en su naturaleza como un sentimiento que en muchas ocasiones impulsa su sentido de supervivencia. Sin embargo, cuando el que debe tomar una decisión, se inhibe de ella por temor a fallar y sentirse intimidado por el problema, entonces el miedo le limita su capacidad de razonar y actuar en consecuencia. «Lo característico del miedo es que da lugar a un tipo de conducta: quitarse de en medio, no afrontar el peligro, enterrar la cabeza en la arena o salir huyendo» (Polo y Llano, 1997).

Ciertamente, superar el miedo a fallar es un trabajo arduo para el líder o directivo, pero no imposible ni fuera de lugar. «El hombre es un solucionador de problemas. Pero es capaz de resolver problemas porque es capaz de manejar su miedo, es decir, porque no está condicionado por lo que lo amenaza» (*Ibídem*).

b. **Delegar la decisión en terceros**. Esta es una tentación muy compleja, que también tiene que ver con un temor a asumir de forma personal la responsabilidad de decidir y quedar en mala posición ante los grupos de interés que dependen de ella. Es el caso de algunos mandatarios o jefes de gobierno que someten a consulta popular las decisiones ejecutivas o institucionales del Estado. Se desentienden de un problema que en principio les corresponde solo a ellos, y en su lugar, delegan esa responsabilidad en terceros. Al final, la decisión la toma una mayoría de votantes, por lo que el peso de ella se diluye entre la colectividad que la ha aprobado o rechazado.

c. **Escudarse en el anonimato de soluciones generales o caprichosas.** Hablamos aquí de aquel que aplica en su labor directiva soluciones generales, arbitrarias o antojadizas que provienen de algo que ha leído, oído o visto en otro lado, así como de actuaciones que forman parte de chispazos de inspiración, pero que no necesariamente aplican a la coyuntura que experimenta su propia organización o equipo. Razonamientos, tales como:

««Leí que así debe hacerse», «así es como he visto que otros lo hacen», «ésta es la costumbre en el ramo». En tal caso, el cumplimiento de la decisión será también anónimo, porque nadie puede incorporarse a sí mismo razones que son generales» (Llano, 1968).

d. **Decidir basado en encuestas.** Si delegar la responsabilidad en terceros es ya una tentación que retrata al directivo que no quiere implicarse en situaciones comprometidas. Tomar decisiones basadas en encuestas, es la forma de gobernar con un estilo «populista» o complaciente, que pone en evidencia al líder que no quiere quedar mal con la opinión pública y, por tanto, rehúye abiertamente de las decisiones impopulares que signifiquen una amenaza a su estabilidad como directivo. El problema de esta forma de dirigir es que los estados de opinión son fugaces y cambiantes, por lo que acostumbrar a los grupos de interés a esta práctica resulta peligrosa para preservar la credibilidad y gobernabilidad del líder.

Por lo tanto, tiene el deber de tomar decisiones basadas en principios y convicciones firmes, porque de lo contrario se expone a algunas de esas tentaciones. No cabe duda de que esta labor le demanda encarnar compromisos y riesgos, muchos de los cuales tienen mala prensa y requieren fortaleza de carácter para mantenerse ecuánime y determinado a seguir adelante.

> El verdadero líder tiene el deber
> de tomar decisiones basadas en
> principios y convicciones firmes.

3. *Ámbito de influencia*

Una tercera clave que ayuda a seleccionar a un directivo y que equivale al diez por ciento de su elección, tiene que ver con el ámbito de influencia que éste ejerce en su entorno inmediato y en sus círculos sucesivos de influencia. En este caso, hablamos de una actitud esencial del líder que propone con su ejemplo de actuación una manera de operar y resolver las situaciones.

Este ejemplo de actuación es preferible que esté basado en principios y valores claros que generen una cultura de cohesión, rendimiento y compromiso de parte del equipo. Por el contrario, si lo que el líder busca alcanzar es su propio objetivo y provecho personal, la influencia se convierte en una herramienta perversa que atenta contra la unidad, credibilidad y confianza del equipo hacia el que hace cabeza.

Por eso, la influencia de un buen liderazgo es un recurso poderoso que favorece el ambiente de entendimiento y genera confianza en doble vía. Visto así, es un gana-gana. Por un lado, un directivo influyente ejerce un rol decisivo en la transformación de la cultura organizacional y, de paso, potencia el logro de mejores resultados en su equipo.

Para lograr este ámbito de influencia, el directivo debe ser honesto en sus intenciones, transparente en sus actuaciones y claro en sus decisiones. En este sentido, es ávido para reconocer el esfuerzo de sus colegas y subordinados, motiva con éxito en la autoestima personal, acepta de buen gusto las ideas que los demás proponen y felicita con sinceridad los buenos resultados del equipo, todo lo cual supone un fuerte impulso para conseguir la mejor versión de cada uno de sus integrantes. Y en reciprocidad, estos le ven como referente y como alguien que merece su respeto, aprecio y confianza. Siempre saben lo que pueden esperar de su líder y eso es un factor de gran seguridad y estabilidad.

> Para lograr este ámbito de influencia, el directivo debe ser honesto en sus intenciones, transparente en sus actuaciones y claro en sus decisiones.

Al respecto, me viene a la cabeza el personaje central de *Toy Story*, la exitosa serie de películas de animación cuyos protagonistas son los juguetes de un niño llamado Andy (*Toy Story*, 1995-2019). El personaje del que hablo es el Sheriff Woody, un líder de gran valor para los demás juguetes, cuyo merito no está basado en mandar con autoridad, sino en su gran amistad y lealtad hacia ellos y, particularmente, hacia el niño al que pertenecen. Jamás se da por vencido por nadie de sus amigos y es capaz de asumir grandes riesgos en un afán de ayudarles en sus peligros y necesidades. Es un amigo fiel y coherente, cuyas virtudes y actuaciones heroicas le hacen ganarse la confianza de toda su pandilla de juguetes, los cuales en señal de reciprocidad unen fuerzas para salvarlo en los momentos que Woody se enfrenta al peligro y la adversidad.

Pienso que la actuación de estos personajes animados resulta muy atinada para ejemplificar el tema del que venimos hablamos, porque pone en evidencia la capacidad del líder para influir y generar sentido de misión en su entorno inmediato. Su presencia en las organizaciones y equipos infunde vitalidad y energía y, especialmente, una gran motivación para dar más.

Saber hacer y hacer saber

Es interesante considerar la enorme influencia que ejerce el directivo, líder o jefe que sabe combinar el talento para tomar decisiones y la capacidad elocuente para comunicarlas. Este talento es un «saber hacer», que no es otra cosa que la suma de las competencias profesionales, capacidad de decisión y ámbito de influencia del líder, todo lo cual cobra protagonismo en el momento de la prueba o el desafío.

En una circunstancia así, «no hay nada peor para un directivo que ponerse nervioso, porque su nerviosismo se contagia a los subordinados y cuando los subordinados se ponen también nerviosos, la organización se paraliza» (Polo y Llano, 1997). En su lugar, debe hacer acopio de una gran fortaleza interior para llevar a cabo la tarea encomendada y tomar la decisión que más convenga en la coyuntura que se enfrenta.

Por otro lado, después de este «saber hacer», el que decide tiene el deber de «hacer saber» a los demás. Que no es un juego de palabras, sino la formula ganadora del trabajo bien hecho y la capacidad de comunicar con acierto las decisiones, prioridades, ideas y proyectos.

Enhorabuena a las organizaciones y equipos que cuentan con directivos que tienen esta gran cualidad de expresar de forma clara, sencilla y oportuna las decisiones más complejas para abordar los problemas y encrucijadas que se presentan. Es verdad que hay circunstancias que presentan desafíos adicionales que pueden generar incertidumbre y desazón. «Barruntamos, intuimos, suponemos… pero a veces nos falta la certeza de estar en la verdad, y entonces puede surgir el desánimo y el desconcierto» (Martí García, 2004). El que tiene el deber de comunicar, debe armarse de fortaleza y ampararse en la verdad, para alinear voluntades y llevar a todos en la misma dirección.

> El que tiene el deber de comunicar,
> debe armarse de fortaleza y ampararse
> en la verdad, para alinear voluntades y
> llevar a todos en la misma dirección.

En todo caso, sus ejes de decisión, comunicación y acción están motivados por una actitud que privilegia la prudencia, la transparencia y los principios éticos de actuación. El líder que tiene claro su rol directivo y lo asume con determinación, cuida diligentemente esas prioridades en su labor y sabe destacar lo mejor de las personas, para alcanzar en equipo los objetivos trazados. En la medida que consigue motivar a los demás hacia la meta señalada, contribuye con su liderazgo a inspirar confianza y a potenciar el compromiso de todos los que dependen de su buen hacer.

Claves para comunicar en situación de crisis

En el complejo entramado actual de figuras públicas, medios y mensajes que sobresalen en las noticias y en las redes sociales, identifico tres claves de comunicación que los grandes líderes hacen para gestionar bien los momentos de crisis y dar a conocer sus decisiones:

En primer lugar, **saben bien lo que dicen, dicen bien lo que saben**. Esto significa que están bien informados y comprenden lo que comunican, pero lo mejor de todo es que saben comunicar bien las ideas y se dan a entender con un mensaje claro y concreto. Es decir, informan de forma completa, transparente y fluida. Además, tienen un sentido de la oportunidad que les hace dirigirse al público en el momento adecuado.

> Saben comunicar bien las ideas y se dan a entender con un mensaje claro y concreto.

En su presencia frecuente en los medios de comunicación o ante sus respectivas audiencias aportan datos precisos, actuales y fiables, sin medias tintas ni ambigüedades. Sin ocultar información relevante, porque al hacerlo generan desconfianza e inquietud. En su lugar, ponen en contexto los hechos, los interpretan con objetividad y exponen las decisiones con fundamento. No abusan del lenguaje, no se adornan con excesos, ni usan términos técnicos o complejos. Son sencillos y claros a la hora de explicar, y cuidan el tono y manera. Y sus declaraciones tienen ritmo, son breves y se programan a la misma hora cada día.

En segundo lugar, **tienen experiencia en liderar crisis y forjar alianzas**. Cuando hablan, lo hacen con propiedad desde su experiencia ejecutiva en gestión de crisis. No improvisan ni se lanzan temerariamente a lo desconocido. Es verdad que cada crisis es única, inédita y de consecuencias inciertas, pero la prudencia, templanza y sensatez son virtudes esenciales en cualquier coyuntura que se presente.

> Cuando hablan, lo hacen con propiedad desde su experiencia ejecutiva en gestión de crisis.

Además, no están solos ni aislados. Tienen la sensatez de buscar a los mejores especialistas en su área de acción, para integrar un equipo multidisciplinar de expertos y sabios, que más allá del talento técnico, tengan una gran humildad para buscar la verdad. Y desde luego, procuran de forma sincera un apoyo sistemático de otros líderes políticos, empresariales, sociales y religiosos.

Y finalmente, **saben gestionar el miedo y la incertidumbre**. Tienen una idea clara de la peligrosidad de la amenaza que enfrentan. Sin exagerarla ni provocar un falso alarmismo, pero tampoco disfrazan su gravedad. Esto no es fácil de lograr, porque como dice un experto, se tiene la sensación de que un líder debe eliminar el miedo y generar una sensación de relativa normalidad en la sociedad.

Pero en toda crisis, es importante infundir serenidad sin restar peso a los riesgos que hay en juego, porque entonces las personas dejan de cuidarse y de tomar precauciones. Y se exponen a peligros mayores. En realidad, la clave es dar a cada cosa su lugar, sin eufemismos ni contradicciones, y nunca aprovecharse de la situación para abusar del poder, porque el fin no justifica los medios.

En toda crisis, es importante infundir serenidad
sin restar peso a los riesgos que hay en juego.

Al concluir este capítulo, merece la pena insistir en la importancia de contar con líderes que sepan tomar decisiones y comunicarlas a sus respectivas audiencias. ¡Cuánta seguridad y confianza inspiran en los demás con esta notable capacidad de liderazgo y comunicación!

III
Recomendaciones finales

«Una vida sin examen no tiene objeto vivirla».
Sócrates

A lo largo de estas páginas hemos ido desgranando una serie de acciones de comunicación que contribuyen a forjar la habilidad del líder para inspirar confianza en los demás. No están puestas al azar, como una coincidencia de ideas útiles que riman bien, sino como un elenco de acciones efectivas que pueden ser aplicadas en el desempeño de toda labor directiva con otras personas.

En lo particular, he tenido la satisfacción de contar con líderes estupendos y generosos, de los que he aprendido mucho para mi labor profesional, quienes me han mostrado con su manera de ser y actuación diaria los grandes frutos que se pueden conseguir de una vida ejemplar y coherente. Lo cual no significa que todo les haya salido bien o que jamás se hayan equivocado. Son personas normales, con virtudes y defectos, pero que cada día luchan por adquirir buenos hábitos de vida y, ante todo, a superar con determinación sus carencias y fallas.

Para lograrlo, incorporan en su rutina diaria la costumbre de hacer examen mental de su actuación personal. «Examen. −Labor diaria.−Contabilidad que no descuida nunca quien lleva un negocio» (Escrivá, 1998). Esto les toma unos cuantos minutos, pero es un tiempo valioso para hacer un breve repaso de su jornada y sacar propósitos.

Por ello, si tienes vocación de líder o ya lo eres, quiero proponerte tres recomendaciones finales que pueden ayudarte a comunicar mejor e inspirar confianza en los demás:

1. **Vive cada día la humildad y la magnanimidad.** El gran objetivo de una vida lograda es ser cada vez una mejor persona, un ser humano virtuoso. Por ello, el líder inspirador es una persona que sabe servir a los demás con sencillez y naturalidad, sin afán de figurar o llamar la atención. Es, ante todo, «un servidor de sus compañeros, de sus empleados, de sus hijos, de sus conciudadanos, un servidor de toda la humanidad. La esencia del servicio es la humildad» (Havard, 2018). Pero también es magnánimo, es decir, que tiene grandeza de ánimo y busca alcanzar la excelencia personal. «Los líderes son magnánimos en sus sueños, en sus ideales, en su sentido de misión, en su con-

fianza y en su audacia; en el entusiasmo con que se esfuerzan por llegar a la meta; en su tendencia a utilizar medios proporcionados a sus objetivos; en su capacidad para fijar objetivos personales elevados para ellos mismos y para los que les rodean» (*Ibídem*).

2. **Caracterízate por tu coherencia y consistencia.** Procura ser la misma persona hoy, mañana y pasado mañana. Que cualquiera que se cruce en tu camino reconozca sin rodeos al mismo ser humano cada día. Es decir, que no haya en ti sombra de ambigüedades o cambios bruscos de personalidad que desdibujen tu identidad y ya no refleje claramente tu verdadera imagen. Y esto implica un esfuerzo decidido por actuar con el mismo esquema de valores de siempre, sin actitudes forzadas o arbitrarias que supongan un atentado a tu propia credibilidad y forma de ser. «Cuando el mundo de los pensamientos sigue la senda correcta, el alma está sana y la vida se enfoca del modo adecuado. Y no hay ningún aspecto de la lucha interior en el que tus esfuerzos sean tan necesarios y fructíferos como en el amor al prójimo» (Lovasik, 2015).

3. **Demuestra apertura y capacidad de escucha.** El mundo sería un mejor lugar si estuviéramos más disponibles para escuchar con atención a quien nos busque de buena voluntad. En este libro, hemos dedicado un capítulo a considerar las

ventajas de consagrar tiempo a este espacio de encuentro e interacción, pero me parece siempre relevante recordar su importancia en toda relación humana. Por eso, todo aquello que privilegie el diálogo sincero y el uso oportuno de la palabra que alumbra y da calor, es el marco propicio para la amistad y la confidencia. De hecho, estar abierto a una conversación cercana y franca con quienes trabajamos o convivimos, es un ejercicio liberador y poderoso que nos hace encontrar sendas nuevas de superación y arribar a conclusiones insospechadas. «Dejemos, pues, de intrigar en vidas ajenas y abramos las puertas de nuestra inteligencia a las ideas, para que llenen de luz la mente» (Martí García, 2004). El líder que incorpora esto en su vida, conecta mejor con los demás, inspira mucha confianza y es más feliz.

Bibliografía

ALCÁZAR, José y COROMINAS, Fernando (1999): *Virtudes Humanas*, Palabra, Madrid.

ALVIRA, Rafael; GHIRETTI, Héctor; HERRERO, Montserrat (Eds.) (2006): *La experiencia social del tiempo*, EUNSA, Pamplona.

BENNIS, Warren y GOLDSMITH, Joan (1997): *Learning to Lead: A Workbook on Becoming a Leader*, Nicholas Brealey Publishing, Londres.

BROWN, James A. C. (1970): *La psicología social en la industria*, Fondo de Cultura Económica, México.

BROWN JR, H. Jackson (1991): *Life's little instruction book*, Rutledge Hill Press, Tennessee.

COLLINS, Jim (2005): *Liderazgo de Nivel 5: El triunfo de la humildad y la férrea determinación*, en Harvard Business Review América Latina, Boston.

DE SAINT-EXUPÉRY, Antoine (2014): *El Principito*, Ediciones Jadine, San José.

DIÉGUEZ, Julio (2020): *Sin que él sepa cómo: Crecer en libertad*, Kindle Edition.

DRUCKER, Peter (2005): *The Practice of Management*, Elsevier, Oxford.

ECHEVARRÍA, Javier (2016): *Dirigir empresas con sentido cristiano*, EUNSA, Pamplona.

ESCRIVÁ, San Josemaría (1998): *Camino*, Rialp, Madrid.

FAZIO, Mariano (2019): *Transformar el mundo desde dentro*, Palabra, Madrid.

FITA, Josep (2018): *«Víctor Küppers: La inteligencia está sobrevalorada, ser amable tiene mucho más mérito»*, entrevista en La Vanguardia, Barcelona. Consultado desde el siguiente enlace:
https://www.lavanguardia.com/vida/20181224/453671509873/victor-kuppers-inteligencia-sobrevalorada-ser-amable-mas-merito.html?facet=amp.

HAVARD, Alexandre (2018): *Liderazgo virtuoso*, EUNSA, Pamplona.

HAVARD, Alexandre (2019): *Corazón libre*, EUNSA, Pamplona.

IVEREIGH, Austen y DE LA CIERVA, Yago (2016): *Cómo defender la fe sin levantar la voz*, Palabra, Madrid.

LLANO, Alejandro (2003): *La vida lograda*, Ariel, Barcelona.

LLANO, Carlos (1968): *El estilo de mando en la empresa*, en Revista Istmo, IPADE, México.

LLANO, Carlos (2004): Humildad y liderazgo ¿Necesita el empresario ser humilde?, Ruz, México.

LOVASIK, Lawrence (2015): *El poder oculto de la amabilidad*, Rialp, Madrid.

Martí García, Miguel-Ángel (2004): *El encuentro: La autenticidad de la palabra*, Ediciones Internacionales Universitarias, Madrid.

Mora, Juan Manuel (2009): *Dirección estratégica de la comunicación*, en 10 ensayos de comunicación institucional, EUNSA, Pamplona.

Murcio, Ricardo (2020): *Liderazgo centrado en la persona*, EUNSA, Pamplona.

Pérez-Latre, Francisco (2020): *El carisma en 7 ideas*. Consultado desde el siguiente enlace: https://medium.com/@fperezlatre/el-carisma-en-7-ideas-8078fffda01b.

Pérez-Reverte, Arturo (2019): *Sidi, Un relato de frontera*, Alfaguara, Barcelona.

Philippe, Jacques (2015): *La oración, camino de amor*, Rialp, Madrid.

Polo, Leonardo y Llano, Carlos (1997): *Antropología de la acción directiva*, Unión editorial, Madrid.

Rojas Estapé, Marian (2018): *Cómo hacer que te pasen cosas buenas*, Espasa, Madrid.

Sherman, Natalie (2018): *«Cómo la jefa saliente de Pepsi Indra Nooyi se convirtió en una de las mujeres más poderosas del mundo de los negocios»*, en BBC News. Consultado desde el siguiente enlace: https://www.bbc.com/mundo/noticias-45092465.

Sinek, Simon (2017): *Empathy*. Consultado desde el siguiente enlace: https://www.youtube.com/watch?v=IJyNoJCAuzA.

Vale la pena
Una aventura sacerdotal

Mario Salvador Arroyo Martínez Fabre

EDICIONES UNIVERSIDAD DE NAVARRA, S.A.
PAMPLONA

Cupón para la Biblioteca Virtual

Accede a la versión eBook de este título por solo **1,99 €**. Con la compra de este libro puedes utilizar el siguiente cupón para la lectura en *streaming** desde la Biblioteca Virtual. **Sigue estas instrucciones** para visualizar tu libro:

1. Dirígete a la web de la Biblioteca Virtual en **https://ebooks.eunsa.es**.

2. En la web ve a **Iniciar sesión** e introduce tu email y contraseña. Si no estás registrado, deberás completar el proceso en **Registrarse**.

3. Tras registrarte, accede a la página del libro o lee el QR de esta página. Bajo el precio podrás **insertar el código oculto en el siguiente cupón** para activar la promoción.

Despegue para visualizar

Acceso directo al eBook

Canjéalo en ebooks.eunsa.es

*Con acceso a internet desde cualquier navegador.

COLECCIÓN: PERSONA Y CULTURA
n.º 59

Primera edición: 2025

© Mario Salvador Arroyo Martínez Fabre
   Ediciones Universidad de Navarra, S.A. (EUNSA)
   Campus Universitario • Universidad de Navarra • 31009 Pamplona • España
   +34 948 25 68 50 • www.eunsa.es • eunsa@eunsa.es

ISBN: 978-84-313-3999-9
DL NA 83-2025

Diseño cubierta: Fernando Cuevas
Fotografía cubierta: Wikipedia. Giotto, *N.º 30 Escenas de la Vida de Cristo: 14. Lavatorio de los Pies* (1304-1306).

Imprime: Podiprint
Printed in Spain – Impreso en España